GUIDES JOANNE

VERSAILLES

EN UN JOUR

CHETTE & Cie

1 FRANC

COLLECTION DES GUIDES-JOANNE

FONDÉE EN 1840, PAR AD. JOANNE, PUBLIÉE
SOUS LA DIRECTION DE MARCEL MONMARCHÉ

VERSAILLES

EN UN JOUR

Par M. PAUL GRUYER

5 *CARTES ET PLANS*, 22 *GRAVURES*

LIBRAIRIE HACHETTE ET Cie
79, Bd SAINT-GERMAIN, PARIS
1911

Cl. Hachette.

Galerie des Glaces.

VERSAILLES
EN UN JOUR

COMMUNICATIONS AVEC PARIS

On se rend de Paris à Versailles : soit par le ch. de fer (gares Saint-Lazare, Montparnasse ou Invalides); soit par le tram, qui part du quai du Louvre; soit par la route.

1° *En chemin de fer* : — *A*. **De Paris-Saint-Lazare à Versailles Rive-Droite** : 23 k. en 55 min. par trains omn., en 35 min. par trains directs : 1 fr. 50 et 1 fr. 15; pas de différence de prix pour les billets d'all. et ret.; 1 à 2 trains par heure. — Les gares du ch. de fer de Ceinture délivrent des billets directs pour Versailles Rive-droite, avec corresp. à Saint-Lazare. — Quelques trains (peu nombreux) sont acheminés sur la gare de **Versailles-Chantiers** (1 fr. 80 et 1 fr. 20), affectée surtout au service des grandes lignes de Bretagne.

B. — **De Paris-Montparnasse à Versailles Rive-Gauche** : 18 k. en 30 à 35 min. env. : 1 fr. 35 et 90 c.; pas de différence de prix pour les billets d'all. et ret.; 1 à 2 trains par heure. — Les gares du ch. de fer de Ceinture délivrent des billets directs pour Versailles Rive-gauche, avec corresp. à *Ouest-Ceinture*. — Quelques trains sont acheminés sur la gare de **Versailles-Chantiers** (1 fr. 90 et 1 fr. 30), desservie en outre par les grandes lignes de Bretagne.

C. — **De Paris-Invalides à Versailles Rive-Gauche** (traction électrique) : 18 k. en 25 à 35 min. env. : 1 fr. 35 et 90 c.; pas de différence de prix pour les billets d'all. et ret.; 1 à 2 trains par heure.

2° *Par le tram* : — **De Paris-Louvre à Versailles Place-d'Armes** (Château); traction mécanique dans Paris, électrique au delà; 19 k. en 1 h. 1/4 : 95 c. et 65 c. — Le tram part, toutes les 12 ou 20 min., du *quai du Louvre* (entre le Pont-Neuf et le Pont-des-Arts). Il suit la rive droite de la Seine, s'en écarte à l'avenue de Versailles et sort de Paris par la Porte de Saint-Cloud. Il suit ensuite la route de Versailles, par *Boulogne*, *Sèvres*, *Chaville* et *Viroflay*.

Pour l'**Itinéraire dans Versailles**, *V.* p. 6 pour l'arrivée en ch. de fer ou en tram.

Excursions Cook. — L'*Agence Cook* (place de l'Opéra, 1) organise pendant la belle saison (mai à octobre) des excursions en *automobile* de Paris à Versailles, tous les j., sauf le lundi (départs à 10 h. 1/4 et 11 h. mat.; retour vers 6 h. s.) : 12 fr. 50 et 17 fr. 50 par pers.; déjeuner non compris. Les places doivent être retenues d'avance.

RENSEIGNEMENTS PRATIQUES

N.-B. Le signe * après un nom d'hôtel indique un établissement dit de 1er ordre, pour le confortable et pour les prix.

Hôtels et Restaurants : — Sur la Route de Trianon : — *Trianon-Palace** (hôtel de grand luxe), bd de la Reine.

Entre la Gare Rive-Droite et le Chateau : — *Hôtel des Réservoirs** (petit déj. 1 fr. 50 et 2 fr.; déj. 4 fr., vin non compris; dîn. 5 fr., id.; les voyageurs de passage ne mangent qu'à la carte; ch. 5 fr. à 25 fr.; pens. dep. 16 fr. par j., sans vin; appart. meublés; ascens.; téléph.; électricité; porte sur le parc), r. des Réservoirs, 9 et 11; — *Hôtel Vatel** (déj. 4 fr., dîn. 5 fr.), r. des Réservoirs, 38; — *Hôtel Suisse** (déj. 3 fr., dîn. 3 fr. 50, vin non compris; ch. 3 fr. 50 à 6 fr.; pens. de 9 à 12 fr.; ascens.; téléph.; électricité), r. Pétigny, 3; — *Restaurant Hoche* (déj. ou dîn. 2 fr. 50 à 4 fr.), pl. Hoche; — *Restaurant du Chapeau-Gris* (déj. ou dîn. 2 fr. et 2 fr. 50), r. Hoche, 7.

Sur la Place d'Armes : — du côté droit, en regardant le Château: — *Hôtel de France** (déj. 3 fr., dîn. 3 fr. 50), r. Colbert, 5; — plusieurs *Restaurants* (*de Londres, de la Place d'Armes, de Cancale*, etc.), déj. ou dîn. de 2 fr. à 4 fr.; — *Brasserie Muller* (repas à la carte), av. de Saint-Cloud, 23 (angle de la r. Carnot).

Du côté g., en regardant le Château : — *Hôtel de la Chasse** (petit déj. 75 c.; déj. 3 fr.; dîn. 3 fr. 50; service à la carte; ch. de 3 fr. à 8 fr.; pension dep. 8 fr.), r. de la Chancellerie, 6; — *Hôtel-restaurant des Variétés* (déj. ou dîn. 2 fr., 2 fr. 50 et 3 fr.), r. de la Chancellerie, 8; — *Hôtel-restaurant de la Chancellerie* (2e ordre; déj. ou dîn. 1 fr. 50, 2 fr. et 2 fr. 50), r. de la Chancellerie, 16.

A la Gare Rive-Droite : — *Restaurant du Lion d'Or* (déj. 2 fr. 25, dîn. 2 fr. 50), dans la cour de la gare; — *Café-restaurant* (déj. ou dîn. à 3 fr. et 4 fr.), r. Duplessis, en face de la gare; — *Hôtel du Sabot-d'Or* (déj. 2 fr. et 2 fr. 50, dîn. 2 fr. 50 et 3 fr.), r. Duplessis, 23 (près du Marché); — *Hôtel-restaurant du Cheval-Rouge* (petit déj. 25 c., déj. 2 fr. 50, dîn. 3 fr., ch. 7 à 5 fr.), r. André-Chénier, 18 (derrière le Marché); — *Restaurant du Chien qui Fume* (à la carte), r. André-Chénier, 8 (derrière le Marché). — Petits *restaurants* (2e ordre) à 1 fr. 60, 1 fr. 75 et 2 fr. déj. ou dîn., r. Duplessis, entre la Gare et le Marché.

Entre la Gare Rive-Gauche et la Gare des Chantiers : — *Hôtel de Noailles** (déj. 3 fr., dîn. 3 fr. 50, ch. dep. 3 fr.; pens. de 8 à 11 fr.; ascens.; chauff. central), r. de Noailles, 18-20.

Dans le Parc : — *Restaurant du Grand Canal* (déj. ou dîn. 3 fr.), à l'entrée du Grand-Canal, près du ponton des canots.

Trams électriques : — 15 c.; avec corresp. : 20 c.; le soir [après 9 ou 10 h., selon saison] : 30 c.

Tram de Versailles à Saint-Cyr : — 1re cl., 35 c.; 2e cl., 25 c.; départ toutes les demi-heures.

Tram de Versailles à Paris : — *V.* p. 3.

Tram à vapeur de Versailles à Meulan : — par *Rocquencourt, Forêt de Marly, Saint-Nom-la-Bretèche, Maule* et *les Mureaux*, en 1 h. 1/2 env. : 4 fr. 20 et 3 fr. 15.

Omnibus : — un omnibus fait, à un certain nombre de trains de la Rive-Droite, le service de la gare au Château : 30 c.

Voitures de place : — tarif officiel dans *Versailles* (y compris *le Château, les 2 Trianons et l'entrée du Grand-Canal*) : la *course* 1 fr. 25, 1 chev.; 1 fr. 50, 2 chev.; après minuit, 2 fr. et 2 fr. 50. — L'*heure* : 2 fr., 1 chev.; 2 fr. 50, 2 chev.; les dim. et fêtes, du 1er mai au 31 oct., 3 fr. et 3 fr. 50. — *Bagages* : 25 c. par colis. — *En dehors des barrières* : l'*heure*, 2 fr. 50, 1 chev.; 3 fr., 2 chev.; dim. et fêtes, 1er mai à 31 oct., 3 fr. et 3 fr. 50. Si le voyageur quitte la voit., *indemnité de retour* équivalente au temps de l'aller; marche légale, 8 k. à l'h.; pour les trajets de nuit, hors la ville, on traite de gré à gré. Les cochers ne sont pas tenus de sortir de la ville les jours de Grandes-Eaux. — *N.-B.* Tous les cochers sont tenus de remettre au voyageur, en cas de contestation, un exemplaire du tarif ci-dessus, dont ils sont porteurs.

Autos-taxis : — dans *Versailles* (même périmètre que ci-dessus pour les voit.) : la *prise en charge* et *trajet de 2 k.* au compteur, ou *attente de 10 minutes*, 1 fr. 50; par *500 m.* en sus ou par *4 min.*, 20 c. Augmentation les dim. et fêtes, du 1er mai au 31 oct., de 1/4 ou 25 0/0; même augmentation de minuit à 6 h. mat. — *Hors la ville* : les taxis sont tenus de desservir les divers pays à 20 k. de Versailles; augmentation sur le tarif de ville de 1/4 ou 25 0/0; même augmentation en sus pour les dim. et jours de fête, du 1er mai au 31 oct., ou de minuit à 6 h. mat. Les chauffeurs ne sont pas tenus de sortir de la ville les jours de Grandes-Eaux, ou après 7 h. 1/2 ou 9 h. 1/2, selon saison. Si le voyageur quitte l'auto hors la ville, *indemnité de retour* selon kilomètres parcourus. — *N.-B.* Tous les chauffeurs sont porteurs d'un tarif détaillé, qu'ils sont tenus de remettre à toute réclamation.

Grandes Eaux : — t. les premiers dimanches des mois d'été, de mai à septembre inclus, de 4 h. 1/2 à 5 h. 1/2, plus certains jours supplémentaires qu'indiquent des affiches apposées à Paris, notamment aux gares Saint-Lazare, Montparnasse et Invalides. Pour leur itinéraire, V. p. 40. — *Grandes-Eaux de Trianon*, les 3e dimanches des mois d'été.

Librairies : — *Bernard* (Guides-Joanne; livres et gravures sur Versailles), r. Hoche, 17; — *Nicolas* (idem), r. de la Paroisse, 46.

Société des Amis de Versailles : — à Paris, r. de Rivoli, 107 (Pavillon de Marsan). — Délégué à Versailles, *Bernard*, r. Hoche, 17. — Cotisation annuelle : 20 fr.

ASPECT D'ENSEMBLE

VERSAILLES, V. de 54,982 hab., ch.-l. du départ. de Seine-et-Oise, siège d'un évêché et importante ville de garnison, a conservé son ancien et magnifique aspect de ville royale. Née autour du palais de Louis XIV, elle fait converger vers le Château ses vastes et grandioses avenues, pleines d'air et de lumière, ombragées d'ormes séculaires. Ses rues sont droites, propres et blanches, entremêlées de jardins.

EMPLOI DU TEMPS

Pour visiter *Versailles en une journée*, nous recommandons de venir de préférence le matin. On commencera la visite, soit avant le déjeuner (nombreux restaurants sur la Place d'Armes, en face du Château), soit aussitôt après.

Notre Itinéraire peut être allongé ou raccourci en cours de route, au gré du touriste et selon le temps dont il dispose. Nous indiquons entre crochets [ ] ces raccourcis d'Itinéraire et les parties de la visite qui peuvent être laissées de côté.

Recommandations importantes : — *Ne pas venir un lundi*, où une grande partie du Château est fermée. — *Eviter le dimanche*, où l'affluence est considérable; sauf, bien entendu, si l'on veut assister à l'admirable spectacle des *Grandes Eaux* (p. 40).

DIRECTION GÉNÉRALE

On arrive à Versailles par le ch. de fer, le tram ou la route.

Du chemin de fer : — *A*. La Gare Rive Droite (Saint-Lazare) dépose les voyageurs *rue Duplessis*. Le tram électrique, **disque gris**) conduit au Château : 15 c.; le tram, **disque rose**, aux Trianons : 15 c. Les mêmes trajets en voit. de place : 1 fr. 25 (1 fr. 50, 2 chev.), en auto-taxi (*V.* tarif p. 5).

A pied (15 min. env.), on suit vers la g. la rue Duplessis, en coupant le *boulevard de la Reine* (à l'angle, *Caisse d'Epargne*) et en laissant à dr., à la *place du Marché*, la *rue de la Paroisse* (p. 52), jusqu'à l'*avenue de Saint-Cloud*. Celle-ci, à dr., amène au Château. — Si l'on va aux Trianons, on suit pendant 100 m. env. la rue Duplessis, à g., jusqu'au *boulevard de la Reine* (à dr.) qui conduit directement au Grand et au Petit Trianon (1/2 h. env.).

B. — La Gare Rive Gauche (Montparnasse ou Invalides) aboutit à l'*avenue Thiers* et, soit par l'*avenue de Paris* (à dr.), soit par l'*avenue de Sceaux* (à g.), on arrive en 5 min. au Château.

C. — La Gare des Chantiers est la plus éloignée du centre de la ville. On prend le tram électrique, **disque vert** (descendre *avenue de Paris* pour le Château; corresp. à la *place du Marché* avec le **disque rose**, pour les Trianons). — *A pied*, suivre la *rue des Chantiers* et l'*avenue de Paris*.

Par le tram de Paris ou la route. — Le tram et les 2 routes de Paris (*avenue de Paris* et *avenue de Saint-Cloud*) amènent pareillement à la Place d'Armes, en face du Château.

HISTOIRE DE LA VILLE ET DU CHATEAU

Versailles sous Louis XIII. — Versailles n'était, il y a trois siècles, qu'un humble village, au milieu d'un pays de cultures, de forêts et de marécages. Le 24 août 1607, le jeune Dauphin Louis XIII, âgé de six ans, y vint de Saint-Germain, en carrosse, faire sa première chasse. En 1624, devenu roi, Louis XIII, dont la chasse demeure la passion préférée, achète du terrain sur le sommet de la butte et s'y fait bâtir un pied-à-terre. Ce fut un petit logis très simple, en pierre et briques, entouré de quelques parterres de buis et de quelques quinconces. Rien n'en reste aujourd'hui que des pans de murs au ras du sol, quelques fondations et, peut-être, un escalier à vis intérieur, encastré dans une muraille. Mais c'est de ce petit château, transformé et reconstruit sur place par Louis XIV, que devait naître et évoluer tout le Versailles futur.

Le premier Versailles de Louis XIV. — C'est en chassant aussi que Louis XIV était venu à Versailles, pour la première fois, à treize ans, le 18 avril 1651. En 1660, quatre mois après son mariage, il y amène sa femme, Marie-Thérèse d'Autriche. En 1661, Mazarin est mort, Louis XIV gouverne lui-même et songe à bâtir, afin de laisser des monuments durables de sa puissance et de sa gloire. Versailles l'attire, car il a le terrain libre devant lui, et la transformation du petit château de Louis XIII commence. L'architecte *Louis Le Vau* (1613?-1670) est chargé de parer la construction ancienne, que Louis XIV refuse de laisser abattre. Les toits se couvrent d'ornements dorés; un balcon de fer forgé court autour des façades; des bustes de marbre blanc meublent la nudité des murs. Ce fut

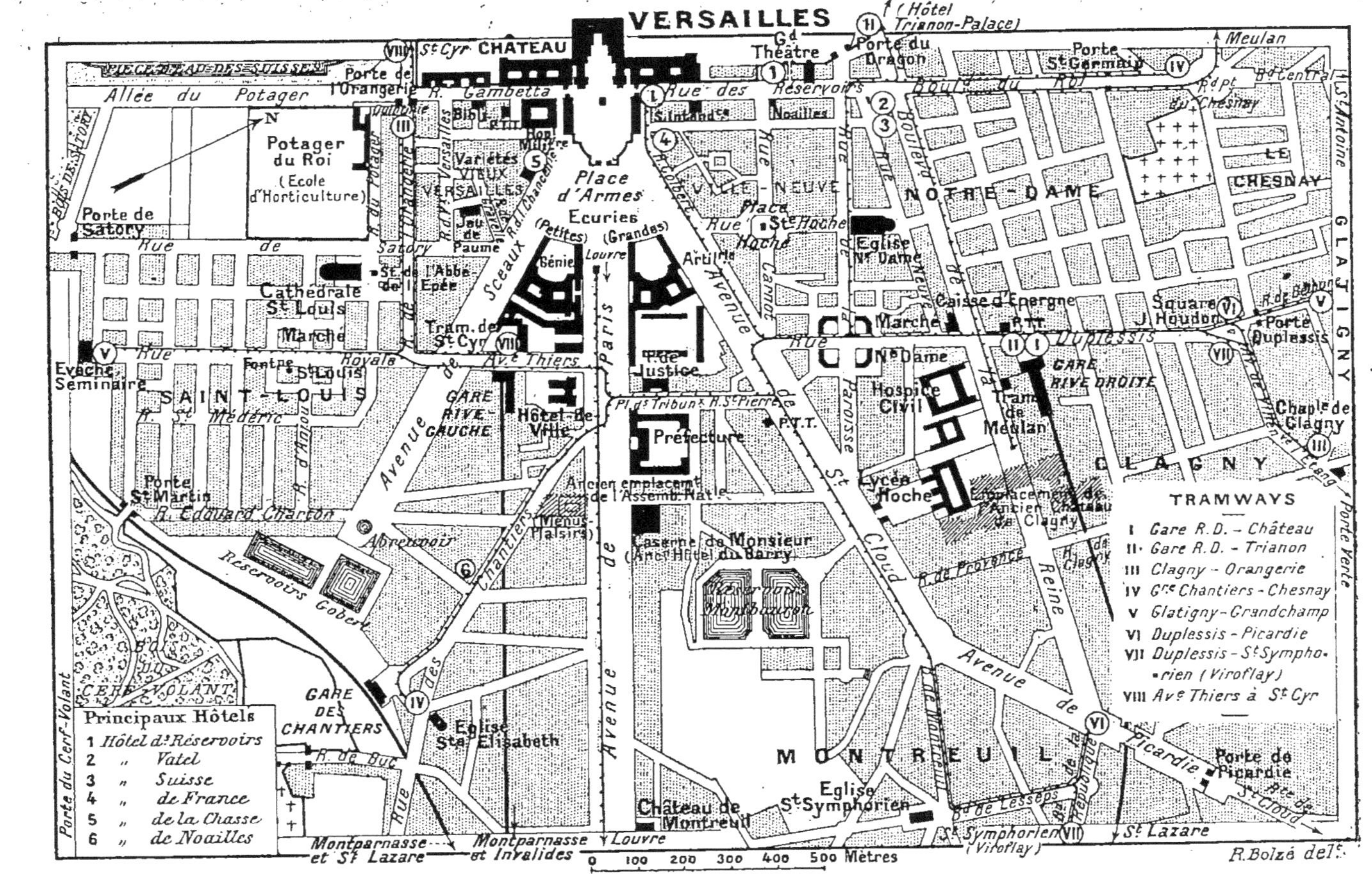
VERSAILLES
CHATEAU
Place d'Armes
Ecuries (Petites) (Grandes)
Potager du Roi (Ecole d'Horticulture)
Porte de Satory
Porte de l'Orangerie
Allée du Potager
Cathédrale St Louis
Marché
SAINT-LOUIS
Evêché Séminaire
Porte St Martin
R. Edouard Charton
Réservoirs Gobert
Abreuvoir
GARE RIVE GAUCHE
Hôtel de Ville
Avenue de Paris
Préfecture
Caserne de Monsieur (Ancn Hôtel du Barry)
Ancien emplacement de l'Assemb. Natle
Avenue de St Cloud
Avenue de Sceaux
Rue des Réservoirs
Gd Théâtre
Porte du Dragon
Porte St Germain
Boulevd du Roi
NOTRE-DAME
LE CHESNAY
GLAJIGNY
Eglise Nt Dame
Square J. Houdon
Porte Duplessis
GARE RIVE DROITE
Hospice Civil
Lycée Hoche
CLAGNY
Chaple de Clagny
Avenue de la Reine
MONTREUIL
Château de Montreuil
Eglise St Symphorien
Porte de Picardie
Avenue de Picardie
GARE DES CHANTIERS
Eglise Ste Elisabeth
CERF-VOLANT
Porte du Cerf-Volant
Montparnasse et St Lazare
Montparnasse et Invalides
St Lazare
Meulan
Porte Verte
(Hôtel Trianon-Palace)
TRAMWAYS
I Gare R.D. - Château
II Gare R.D. - Trianon
III Clagny - Orangerie
IV Gres Chantiers - Chesnay
V Glatigny - Grandchamp
VI Duplessis - Picardie
VII Duplessis - St Symphorien (Viroflay)
VIII Ave Thiers à St Cyr
Principaux Hôtels
1 Hôtel d. Réservoirs
2 " Vatel
3 " Suisse
4 " de France
5 " de la Chasse
6 " de Noailles
0 100 200 300 400 500 Mètres
R. Bolzé delt.

le 1er Versailles de Louis XIV, celui dont la *Cour de Marbre* nous a conservé le souvenir et qui, longtemps, fut à tort attribué à Louis XIII dont l'œuvre est dès lors complètement modifiée. En même temps, le célèbre jardinier *Le Nôtre* (1613-1700) fait le tracé du *Parc*, au prix de terrassements et de travaux énormes. De somptueuses fêtes, où joua Molière, sont données en l'honneur de Mlle de La Vallière, puis de Mme de Montespan.

Le second Versailles de Louis XIV. — Bientôt cette nouvelle demeure ne suffit plus à la gloire grandissante de Louis XIV. Le Vau est chargé par le roi d' « envelopper » le château, du côté du Parc, d'un vaste palais de pierre à la mode italienne, aux toits en terrasses, ornés de balustres, de flammes sculptées et de trophées. C'est le *corps central du Château* que nous voyons aujourd'hui. Cette fois encore, Louis XIV s'est refusé à abattre les constructions existantes, à faire table rase du passé. C'est ce qui explique à Versailles cette anomalie apparente de deux styles, de deux châteaux accolés l'un à l'autre : celui qui regarde la ville et le côté de l'arrivée, celui qui fait face au parc. — Ce 2e Versailles de Louis XIV, auquel se rattache une partie des *Grands Appartements*, fut terminé, Le Vau étant mort en 1670, par son élève et ami *François D'Orbay*. L'illustre *Le Brun* (1619-1690) avait dirigé toute la décoration intérieure du château.

Le troisième Versailles de Louis XIV. — Cependant la gloire de Louis XIV arrivait à son apogée, avec le traité de Nimègue (1679), et il songe à transférer définitivement à Versailles le siège de la cour et du gouvernement. *Jules Hardouin-Mansart* (1645-1708) est nommé premier architecte du roi, en 1676, et il reprend à son tour l'œuvre de Le Vau, pour l'amplifier et lui donner sa forme définitive. Du côté de la ville, il remanie une fois de plus la Cour de Marbre; du côté du parc, il corrige et harmonise le corps central du palais et construit les deux *Ailes du Midi* (1682) et *du Nord* (1684), qui donnent à cette immense façade un développement de 580 mètres de long. Il remanie également les appartements intérieurs et aménage. avec Le Brun, la *Grande Galerie* ou *Galerie des Glaces*. Il construit, dans le parc terminé par Le Nôtre, l'*Orangerie* et le double escalier d'aspect cyclopéen, dit les *Cent-Marches*. Enfin il clôt son œuvre par la *Chapelle*, qu'après sa mort achève son beau-frère *Robert de Cotte* (1656-1735). C'est le 3e Versailles de Louis XIV, tel qu'il nous apparaît aujourd'hui.

Parallèlement au château, Louis XIV faisait construire par Mansart, en 1687. sa dépendance du *Grand Trianon* (*V.* p. 41).

La Ville. — La ville s'était, d'abord sous Louis XIII, puis sous Louis XIV, développée en même temps que le château. Le 22 mai 1671. Louis XIV étant à Dunkerque, en pleine campagne de Flandre, décréta que des terrains seraient accordés à toutes personnes qui en feraient la demande, à charge de construire avec symétrie, selon les plans et modèles délivrés par le Surintendant des Bâtiments. Trois larges avenues, qui sont aujourd'hui les avenues de Saint-Cloud, de Sceaux et de Paris, furent tracées et rayonnèrent en éventail de la Place d'Armes.

Le Régent et Louis XV. — Le Régent, Philippe II d'Orléans, neveu du Roi, qui succéda à Louis XIV dans le gouvernement de la France pendant la minorité du jeune Louis XV, délaissa Versailles pour Vincennes et Paris, pendant sept ans. Il y revint mener une vie scandaleuse et y mourut d'apoplexie, le 2 décembre 1723.

Louis XV n'habita jamais non plus Versailles d'une façon bien suivie, partageant son temps entre cette résidence et ses autres châteaux royaux. Le palais subit cependant, sous son règne, d'importants remaniements. Les anciens appartements, dont la magnificence était peu pratique, furent doublés en quelque sorte d'une série d'appartements particuliers, où le Roi se trouvait chez lui et délivré des lois de l'étiquette. Ce sont les *Appartements de Louis XV*, en bordure de la Cour de Marbre, et dont la décoration de bois sculpté et doré est merveilleuse. Extérieurement, l'architecte *Gabriel* (1710-1782) éleva, à l'entrée de la Cour de Marbre, un des lourds *pavillons à colonnes* et à fronton grec qui se présentent aujourd'hui à l'entrée du château et l'écrasent de leur masse disgracieuse. Par contre, c'est à Louis XV et au même architecte Gabriel que l'on doit la *Salle de l'Opéra*, dans le château, et le charmant palais du *Petit-Trianon* (V. p. 45).

Louis XVI. — Une nouvelle transformation du style s'opère avec Louis XVI; le goût de l'intimité intérieure se développant de plus en plus, Marie-Antoinette se fait à son tour aménager, sur une des cours du château, de *Petits Appartements*, tenant surtout du boudoir, et d'une délicatesse d'ornements qui fait encore notre admiration. L'évolution du style était la même dans l'art des jardins et, en opposition au vieux parc grandiose et solennel, Marie-Antoinette se fait construire le *Hameau* du Petit Trianon (V. p. 48).

La Révolution. — C'est à Versailles que, dans une Salle construite exprès, aujourd'hui détruite, se réunit, le 5 mai 1789, l'Assemblée des Etats Généraux des trois ordres, Clergé, Noblesse et Tiers Etat, convoqués par le ministre Calonne. C'est dans la *Salle du Jeu de Paume* (p. 51) que les députés du Tiers se retrouvent, sous la présidence de Bailly, le 20 juin, et, se constituant en Assemblée Nationale, jurent de ne point se séparer qu'ils n'aient donné une Constitution au royaume.

Bientôt les événements se précipitent. Le 14 juillet, la Bastille est prise à Paris et, le 5 octobre, la foule marche sur Versailles; elle envahit le château (6 oct.), massacre les gardes du corps et ramène à Paris le roi, la reine et leurs enfants, entre deux haies de piques. C'est la fin du Versailles royal et de la royauté elle-même.

Le château eut relativement peu à souffrir sous la Révolution, mais il fut entièrement vidé. Un certain nombre d'œuvres d'art, tableaux, statues et quelques meubles, furent attribués au musée du Louvre ou au Mobilier national. Tout le reste fut vendu aux enchères.

Versailles au XIXe siècle et jusqu'à nos jours. — **Napoléon Ier** entreprit de remettre le château en état, y projeta des défigurations que les revers de l'empire empêchèrent, et habita personnellement le Grand Trianon. En 1814, lors des derniers désastres et de l'invasion, les Alliés parurent à Versailles. On y vit Alexandre de Russie et ses deux frères, ainsi que le roi de Prusse, Frédéric-Guillaume, avec ses deux fils. L'un de ceux-ci devait, cinquante-six ans plus tard, y être proclamé empereur d'Allemagne.

Sous la **Restauration**, l'architecte *Dufour* fit construire, en pendant avec l'aile Gabriel, le second pavillon à fronton et à colonnes, qui encadre la Cour d'entrée du château. Mais celui-ci se délabrait de plus en plus.

C'était la destruction fatale, lorsque **Louis-Philippe** le sauva, en le faisant restaurer à ses propres frais et en y établissant un *musée* consacré aux gloires nationales de la France. Malheureusement, le Roi-citoyen, qui dépensa à cette œuvre 23 millions env., ne possédait pas un goût artistique très pur et il commit, pour installer des toiles souvent médiocres, d'effroyables dégâts. La meilleure partie de son œuvre est la riche collection de tableaux et de documents rétrospectifs qu'il y réunit de partout.

Pendant la **Guerre de 1870-1871**, les Allemands s'établirent à Versailles et, le 18 janvier 1871, le roi Guillaume ceignait, dans la Galerie des Glaces, le diadème impérial d'Allemagne.

Ce fut ensuite la **Commune** terrorisant Paris, le gouvernement légal de la France installé à Versailles. L'Assemblée Nationale siégea dans la salle de l'Opéra, transformée pour cet usage.

La **République** y fut proclamée le 25 février 1875. Le gouvernement et les deux Chambres continuèrent à se tenir à Versailles; le Sénat conserva la salle de l'Opéra; une nouvelle Salle avait été construite pour les députés, dans l'aile S. du Palais (8 mars 1876). Le 19 juin 1879, les deux Chambres votèrent leur retour à Paris.

Le château est redevenu aujourd'hui le principal intérêt de Versailles et comme sa raison d'être. *M. Pierre de Nolhac* en est l'éminent conservateur; *M. A. Pératé* est conservateur adjoint; *M. Marcel Lambert* est architecte.

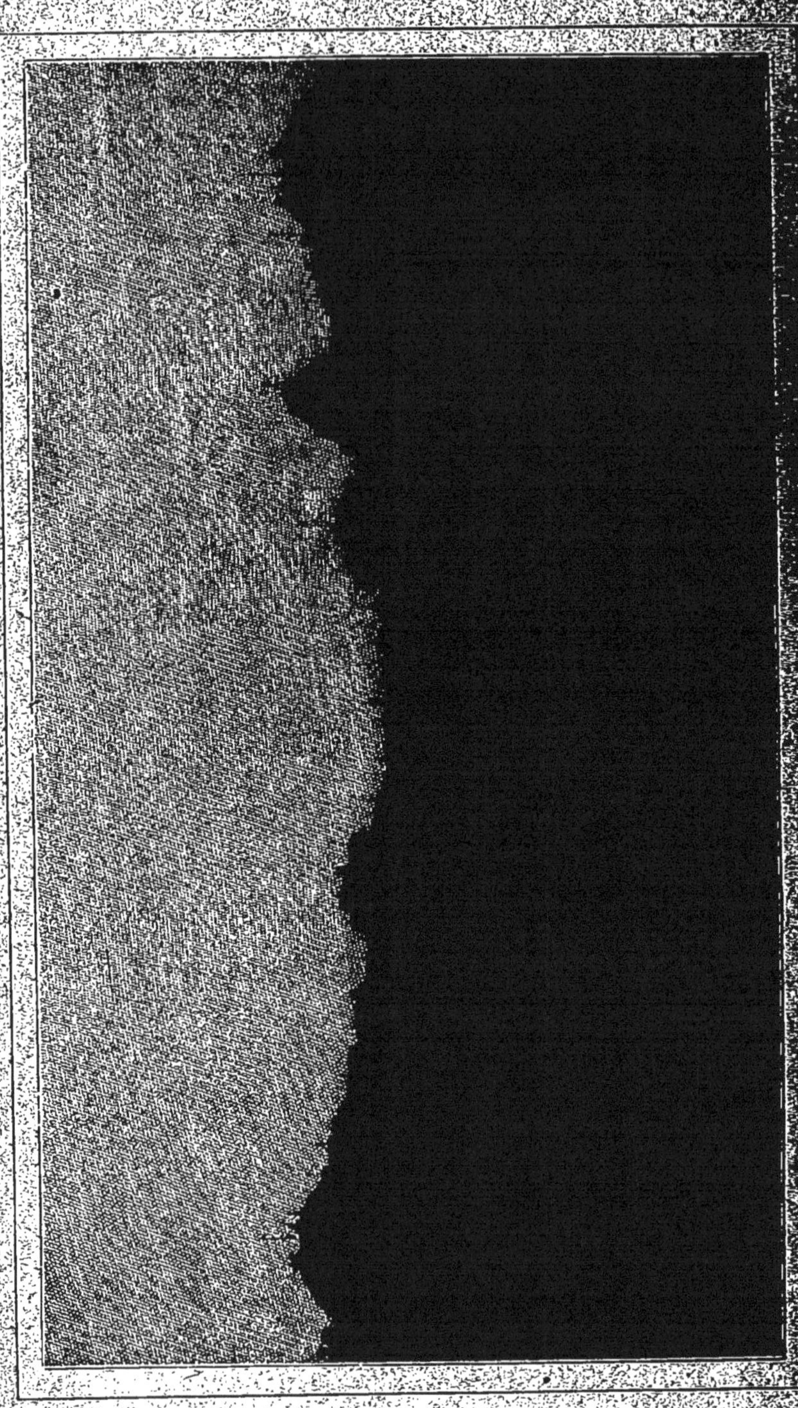

Cl. P. Gruyer.

Cour d'entrée du Château.

LE CHÂTEAU

La *partie principale* du Château est ouverte t. l. j., sauf le lundi : du 1er avril au 30 sept., de 11 h. mat. à 5 h. s. ; du 1er oct. au 31 mars, de 11 h. mat. à 4 h. s. Le *lundi*, visite restreinte, en escouades, accompagnée d'un gardien. — *Salles des Croisades*, le jeudi et le dimanche, mêmes heures. — *Salles de la République et de l'Empire* (rez-de-chaussée, aile du Midi), le mercredi et le samedi. — *Attique du Nord* (musée de portraits), le mardi et le vendredi. — *Attique du Midi* (musée de portraits), t. l. j.

Pour l'*Itinéraire des gares ou de la route au Château*, V. p. 6.

Des *guides*, étrangers à l'Administration (*inutiles* en se dirigeant avec notre Itinéraire de visite), se tiennent aux abords du château (si on en use, faire prix d'avance, sur la base de 1 fr. l'heure).

N.-B. — Les numéros sont ceux des salles; se reporter aux plans.

ITINÉRAIRE I. — *Cet Itinéraire, qui comprend la visite des* APPARTEMENTS ROYAUX, *est celui qu'il faut suivre tout d'abord. Il montre ce qu'il est indispensable d'avoir vu et peut être suivi tous les jours. — La partie de l'Itinéraire imprimée en petit texte et mise entre crochets* [ ], *peut être suivie ou supprimée au gré du visiteur, pour allonger ou raccourcir l'Itinéraire.*

De quelque moyen que l'on use pour se transporter au Château, on arrive d'abord à la **place d'Armes**, d'où rayonnent les trois grandes **avenues de Saint-Cloud, de Paris** (au centre) et **de Sceaux.** Du côté de la ville, la place est bordée en demi-cercle par les **Grandes** et les **Petites Ecuries** du Roi, construites par Mansart et auj. casernes (*frontons* sculptés). En face, s'ouvre la grille d'honneur et se développent les vastes bâtiments du Château. — Si l'on arrive par le tram de la gare Rive-Droite, on se trouve tout de suite transporté en haut de la Cour du Château, à l'extrémité de la rue des Réservoirs (entrée à g.).

La **Grille d'Honneur**, en fer forgé et doré, porte en fronton les fleurs de lis royales; des *groupes de sculpture* l'encadrent à dr. et à g.

On entre dans l'**Avant-Cour** ou **Cour des Ministres**. Cette cour est bordée par deux ailes en pierre et briques, dites **Ailes des Ministres**, jadis occupées par les ministres et secrétaires d'Etat. Une double rangée de lourdes **statues**, placées là par Louis-Philippe, représente des grands hommes français.

Une seconde Grille, qui passait là où se trouve la **statue équestre de Louis XIV** (par Petitot et Cartellier; 1835), séparait l'Avant-Cour de la seconde Cour, ou **Cour Royale**. La Cour Royale est encadrée par deux **pavillons à colonnes**, de style néo-grec; celui de droite fut élevé sous Louis XV, par l'architecte Gabriel (1772); celui de gauche a été achevé sous la Restauration, par l'architecte Dufour (1829). Lors de la transformation du château en musée, Louis-Philippe fit inscrire aux frontons : « *A toutes les gloires de la France* ».

Au delà de la Cour Royale, en renfoncement, la charmante **Cour de Marbre**, avec ses façades de pierre et briques, occupe la place de la première cour du petit château élevé par Louis XIII. Les façades furent transformées et reconstruites pour Louis XIV, d'abord par l'architecte Le Vau, ensuite par Mansart. Elle est ornée de *Bustes* de style antique et, à la base du toit, de *Statues Allégoriques*.

De la Cour de Marbre, nous revenons à l'Aile Gabriel et, tournant à g., nous passons entre cette aile et la Chapelle, pour arriver (à dr.) au **Vestibule de la Chapelle** (*vestiaire*; facultatif, sauf pour les parapluies, les jours de pluie), par où nous entrons au Château. Ce vestibule a de belles **portes** en bois sculpté et doré (époque de Louis XIV); un **bas-relief**, de Nicolas et Guillaume Coustou, figure le *Passage du Rhin par Louis XIV*. — Un *petit escalier* de pierre, à g. de la porte de la Chapelle (un écriteau indique : *Appartements royaux*) monte au 1er étage. La *Galerie de Sculpture*, qu'on laisse à g., conduirait aux *Salles des Croisades* et à l'*Opéra*; en bordure du parc est une *Galerie de Peinture*; *V*. ci-dessous.

[La **1re Galerie de Sculpture** contient des *tombeaux*, *bustes* et *statues* des Rois et Reines de France et de Personnages célèbres, depuis les Mérovingiens jusqu'à Henri II. Ce sont des moulages pour la plupart (inscriptions explicatives). — Au milieu de la Galerie s'ouvrent les Salles des Croisades.

Les **Salles des Croisades** (*jeudi et dimanche*), constituées sous Louis-Philippe, sont les plus médiocres de Versailles. Leur décoration est de style néo-gothique. Elles sont au nombre de cinq (S. 17 à 21) et les *tableaux* qu'elles renferment représentent les principaux épisodes de l'*Histoire des Croisades* (notices explicatives). Dans la *Salle Centrale* : belle **porte** gothique, en cèdre, de l'hôpital des Chevaliers de Rhodes; **mortier** de bronze, de même provenance. — Des Salles des Croisades, on revient à la Galerie de Sculpture, à l'extrémité de laquelle est l'entrée de la Salle de l'Opéra.

La **Salle de l'Opéra**, construite sous Louis XV (1753-1770) par l'architecte Gabriel, appartient auj. au Sénat (*on visite par escouades, avec un gardien; petit pourboire d'usage*). La *Salle* est magnifique, avec colonnes et sculptures dorées; les pupitres des sénateurs occupent l'orchestre. Elle était autrefois peinte en gris clair. Le plafond vitré est de 1871. Le *Foyer* a conservé son intéressante décoration sculptée du XVIIIe s., par Pajou. — On sort de la Salle de l'Opéra sur le palier d'un ESCALIER de pierre, par lequel

Cl. Hachette.

Cour de Marbre.

on redescend au rez-de-chaussée, pour suivre, en bordure du Parc, la Galerie de Peinture.

La **1re Galerie de Peinture** est consacrée à l'*Histoire de France* et comprend onze salles (S. 2 à 12). Les *tableaux* sont en partie de l'époque de Louis-Philippe; il s'y mêle quelques bons tableaux anciens. Leurs sujets vont de Charlemagne à Louis XVI (notices explicatives). — On entre par la salle 12 et on sort par la salle 2, pour se retrouver au Vestibule de la Chapelle.]

Le petit escalier de la Chapelle nous amène au PREMIER ETAGE, dans un remarquable **Vestibule** de pierre blanche (**portes** en bois sculpté, blanc et or), œuvre de Mansart et de Robert de Cotte (*bustes* de tous deux, par Coysevox). Élégantes statues de Bousseau (*la Magnanimité*) et de Vassé (*la Gloire*). Sur ce vestibule s'ouvre la **tribune royale** de la Chapelle.

La **Chapelle**, construite à la fin du règne de Louis XIV, par Mansart, terminée par son neveu Robert de Cotte (1699 à 1710), est une œuvre de premier ordre. On en admire l'aspect somptueux, les riches ciselures, l'harmonie de l'or et de la pierre blanche. La tribune royale sert en quelque sorte de belvédère pour en voir l'ensemble : en face est le **maître-autel**, en marbre et en bronze, ciselé et doré; le rez-de-chaussée est dallé de marbres de couleur;

les *vitraux* ont été refaits en 1852, à la manufacture de Sèvres; les **peintures du plafond** complètent la somptuosité de l'ensemble (au centre de la voûte, *le Père Eternel dans sa gloire*, par Antoine Coypel; au-dessus de la tribune royale, *Descente du Saint-Esprit*, par Jouvenet).

A dr. du Vestibule (en tournant le dos à la Chapelle) s'ouvre la 2e *Galerie de Sculpture*, qui conduirait aux *Salles d'Afrique, de Crimée, d'Italie et du Mexique*, ainsi qu'au Musée de portraits de l'*Attique du Nord*; en bordure du Parc est la 2e *Galerie de Peinture*; *V.* ci-dessous.

[La **2e Galerie de Sculpture** renferme, comme celle du Rez-de-Chaussée, des *tombeaux, bustes et statues* des Rois et des Reines de France et de Personnages célèbres. Ce sont des moulages pour la plupart (inscriptions explicatives) et les sujets vont jusqu'au XVIIe s. — Au milieu de la Galerie s'ouvrent les Salles d'Afrique, de Crimée, d'Italie et du Mexique.

Les **Salles d'Afrique, de Crimée, d'Italie et du Mexique** (*visibles tous les jours*), furent constituées sous Louis-Philippe et sous le 2e Empire. Elles sont au nombre de sept. — On entre par la SALLE 98 (à dr.), où sont des *tableaux de l'époque de Napoléon III* (ils doivent être transportés à l'Attique du Midi). — SALLE 99 : 2 bons tableaux d'A. Yvon (*Retraite de Russie*) et de Gustave Doré (*Bataille d'Inkermann*). — SALLE 103 : vastes toiles d'Horace Vernet relatives à la Conquête de l'Algérie (*Combat de l'Habrah* et *Siège de Constantine*) et à celle du Mexique (*Prise du Fort de Saint-Jean d'Ulloa*); d'une valeur picturale moyenne, elles sont d'une curieuse documentation pour les personnages et les costumes de cette époque. — SALLE 104 (à dr. de la précédente) : célèbre toile d'**Horace Vernet** représentant la **Prise de la Smalah d'Abd-el-Kader** (5 m. de haut; 21 m. de long), qui tient plutôt du panorama que du tableau (les divers épisodes en sont ingénieux et amusants à observer, mais la couleur en est terne et jaune et les personnages ont l'air de figurants de cirque jouant une pantomime bien réglée); à signaler en cimaise (au panneau de dr. de la salle) *12 gouaches de Siméon Fort*, relatives à la Guerre d'Algérie et bien supérieures aux énormes toiles de Vernet. — SALLE 102 (à g. de la salle 103) : vastes toiles de A. Yvon, sur la Guerre de Crimée (*Gorge, Tour, Courtine de Malakoff*; *Solférino*; *Magenta*); en cimaise, *21 petits tableaux de Durand-Brager* relatifs au Siège de Sébastopol et excellents. — SALLE 101 (par la salle 103) : *Horace Vernet*. Louis-Philippe inaugure Versailles. — SALLE 102 : *Muller*. Appel des dernières victimes de la Terreur (au centre, André Chénier). — On se retrouve dans la Galerie de Sculpture, à l'extrémité de laquelle un ESCALIER de pierre monte aux salles de l'Attique du Nord.

L'**Attique du Nord** (2e étage; *mardi et vendredi*) est divisé en sept salles contenant une intéressante collection de **portraits historiques** authentiques, commencée par Louis-Philippe, continuée de nos jours. Ils vont du XVe au XVIIe s.; la plupart sont anonymes. — SALLE 153 (on commence au XVe s.) : curieux **Ex-voto** (à g. de la porte) représentant **Jeanne d'Arc** (à g.), la *Madone et St-Michel*; portraits de *Charles VI, Jean-sans-Peur, Charles le Téméraire, Henri II, Diane de Poitiers, Charles IX, Henri III, Henri IV*. — SALLE 154 (suite du XVIe s.) : portraits de *Henri IV* et de *Gabrielle d'Estrées*, du *duc de Montmorency* (dans une belle armure), de *Marie de Médicis*. — SALLE 155 (suite du XVIe s.) : familles souveraines d'Espagne et d'Autriche (*Philippe II, Don Carlos, Philippe III*). — SALLE 156 (début du XVIIe s.) : portraits d'*Anne d'Autriche, Marie de Médicis* (par Porbus), *Gaston de Foix, Duchesse de Chevreuse* (en Diane, avec un cerf), *Anne d'Autriche*; **Thomas de Savoie**, par **Van Dyck**. — SALLE 157 (XVIIe s.) : curieux **tableaux-plans** de sièges et prises de villes sous Louis XIII; parmi les portraits : *Richelieu*, par Philippe de Champaigne. — SALLE 158 : autres *tableaux-plans*; **Louis XIII**, par **Simon Vouet**. — SALLE 159 : portraits de *Françoise de Souvré*, gouvernante des enfants de France (Louis XIV. avec un bonnet à plume bleue, et son frère Philippe d'Orléans). d'*Anne d'Autriche*, *Gaston d'Orléans*, **Louis XIV et sa nourrice**, *Henriette de France*, *Cromwel*. — On redescend au 1er étage, pour suivre la 2e Galerie de Peinture.

La **2e Galerie de Peinture** (en bordure du Parc) est consacrée à l'*Histoire de France* et comprend 10 salles (S. 84 à 93). Les tableaux sont en partie de l'époque Louis-Philippe et de valeur inégale; il s'y mêle cependant quelques bonnes toiles que nous signalons. Les sujets vont de la Révolution à Louis-Philippe (notices explicatives). — On entre par la SALLE 93 : scènes de la *Révolution de Juillet*. — SALLE 92 : **Gérard. Sacre de Charles X.** — SALLE 91 : *Gérard* (d'après), Louis XVIII aux Tuileries; *Gros*, Louis XVIII quitte les Tuileries à la nouvelle du débarquement de Napoléon à l'île d'Elbe. — SALLE 90 : *H. Vernet* (d'après), Les Adieux de Fontainebleau. — SALLE 89 : peintures médiocres de l'*Histoire impériale*. — SALLE 88 : *Gautherot*. Napoléon blessé à Ratisbonne. — SALLE 87 : peintures médiocres de l'*Histoire impériale*. — SALLE 86 : **J.-B. Regnault. Le Sénat reçoit les drapeaux pris à l'Autriche.** — SALLE 85 et 84 : scènes de l'*Histoire impériale*. — On se retrouve au Vestibule de la Chapelle.]

A g. du Vestibule (en tournant le dos à la Chapelle), nous entrons dans le Salon d'Hercule.

Le **Salon d'Hercule** (S. 105) a été fait sous Louis XV, dans le style de Louis XIV. Le ciseleur Vassé travailla à sa riche décoration de bronze ciselé, comprenant la **cheminée**, les *pilastres* et l'énorme *cadre* où un tableau de Véronèse a été remplacé par un tableau du *Passage du Rhin par Louis XIV*, d'après Le Brun et Van der Meulen. — Sur la cheminée, *Louis XIV*, par Mignard. — Au plafond, vaste composition de Le Moine, représentant l'**Apothéose d'Hercule.**

On entre dans les GRANDS APPARTEMENTS (ils datent de Louis XIV) par le **Salon de l'Abondance** (S. 106), qui servait de Buffet lors des réceptions du roi et était garni alors de tables avec liqueurs, vins, sorbets, gâteaux et fruits confits. — Le plafond (restauré), peint par Houasse, représente *l'Abondance* ou *la Magnificence royale*. Aux murs, tableaux de Van der Meulen (*Sièges* et *Prises de Charleroi*, *Lille*, *Valenciennes*, *Cambrai*, *Fribourg*). Les sièges en X, dans cette pièce et dans les autres salles du Château, proviennent de la cérémonie du sacre de Charles X.

[Sur le salon de l'Abondance s'ouvrent 2 petites salles (SALLES 137 et 138), où l'on voit des **gouaches de Van Blarenberghe** (remarquables par leur minutie), représentant les Campagnes du règne de Louis XV et des Costumes militaires. — Au delà de ces 2 salles : SALLE 139, dite DES ETATS GÉNÉRAUX, installée sous Louis Philippe, et contenant des toiles modernes.]

Du Salon de l'Abondance on passe dans le **Salon de Vénus** (S. 107). La **décoration de marbre** de cette pièce est magnifique. — Dans la niche centrale, belle **statue de Louis XIV**, en costume romain et à perruque, par Warin. — A dr. et à g. de la pièce, *peintures en trompe-l'œil*, par Jacques Rousseau. — Les **portes** en bois sculpté, par Caffieri, et les **dessus de portes**, aux bas-reliefs de bronze doré, sont de toute beauté. — Le plafond, par Houasse, représente *le Triomphe de Vénus*.

Salon de Diane (S. 108). Comme dans la pièce précédente, belle décoration de marbre, de bois sculpté et de bronze ciselé. — Au centre, **buste de Louis XIV** par Le Bernin (1665). — Le plafond, par Blanchard, montre *Diane*, ses attributs et sa légende. — Au-dessus de

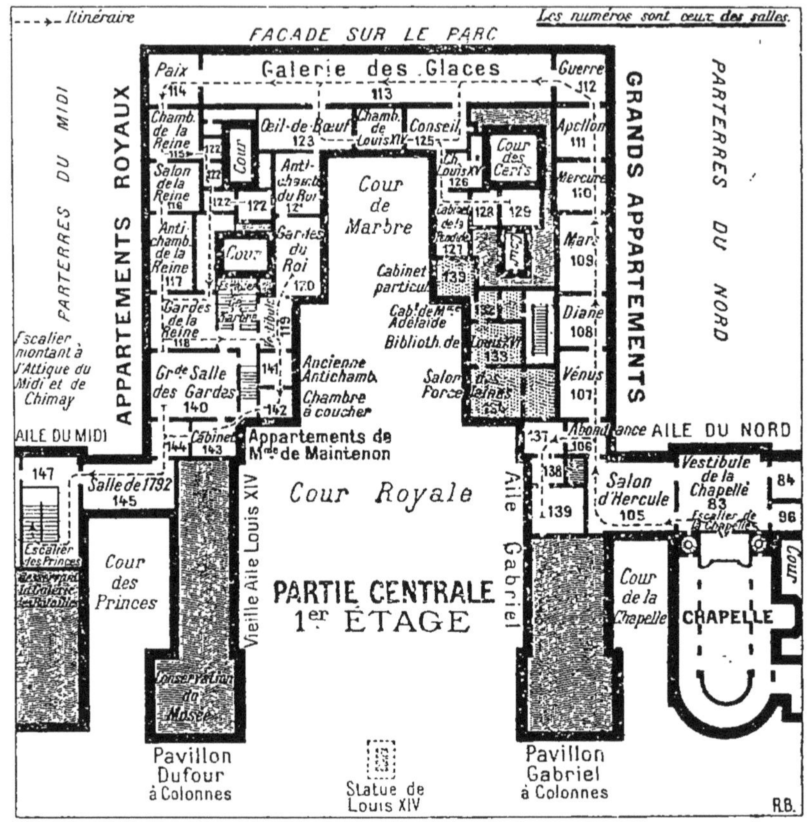

la cheminée, *Marie-Thérèse*, femme de Louis XIV, par Beaubrun ; dans le marbre de la cheminée, petit *bas-relief* en marbre blanc (Fuite en Egypte), par Van Opstal. — **Table** en bois sculpté et doré (dessus de mosaïque florentine), faite aux Gobelins sous Louis XIV, et **autographe** de Mansart, annoté par Louis XIV, relatif aux travaux de Versailles.

Salon de Mars (S. 109). — Les murs sont tendus de **tapisseries des Gobelins**; sur le parquet, magnifique *tapis* de la Savonnerie de Paris. — Sur la cheminée, **Louis XIV**, par Simon Vouet (le roi a dix ans env.; il est monté sur un cheval blanc). — Le plafond, par Audran, représente *Mars*, le Dieu des batailles, sur un char traîné par des loups. Les dessus de portes (*la Justice, la Tempérance, la Force, la Prudence*) sont de Simon Vouet. — A contre-jour, **le roi David**, du Dominiquin, ornait jadis la chambre à coucher de Louis XIV. — Beau **surtout de table**, figurant une colonnade exécuté sous Louis XV pour le service de Marie-Antoinette, dauphine. — **Horloge** automatique, faite en 1706 pour Louis XIV, par Morand (toutes les fois que l'on fait sonner l'heure, 2 coqs sortent d'un petit nuage et chantent en battant des ailes, tandis qu'un buste de Louis XIV s'élève, couronné par la Victoire).

Salon de Mercure (S. 110). Un lit de parade, à colonnes surmontées de plumets blancs et fermé par une balustrade d'argent ciselé, y était monté et ne servait qu'exceptionnellement au roi; Louis XIV y fut exposé, après sa mort, pendant huit jours. — De nombreux tableaux de maîtres ornaient les murs, tendus auj. de **tapisseries des Gobelins**; sur le plancher, *tapis* de la Savonnerie. — Plafond, par J.-B. de Champaigne, représentant *Mercure* (sur son char, tiré par deux coqs, et précédé de l'Etoile du matin).

Salon d'Apollon (S. 111), ancienne Chambre du Trône, où le Roi donnait ordinairement audience aux ambassadeurs. — Le beau plafond, par La Fosse, représente *Apollon* (il est sur un char et accompagné du *Printemps*, de *l'Eté*, de *l'Automne* et de *l'Hiver*), personnification de Louis XIV.

Ici se terminaient les Grands Appartements du Roi et nous arrivons à la face centrale du château.

Salon de la Guerre (S. 112). Ce petit salon, symétrique au Salon de la Paix qui se trouve à l'autre extrémité de la Galerie des Glaces, fait partie du magnifique ensemble décoratif de cette dernière. Il fut terminé en 1678. Sa **décoration de marbres polychromes et de bronzes ciselés** est intacte. — Six *bustes* d'empereurs romains, de travail italien, en marbre et porphyre, proviennent de la succession de Mazarin. — Glaces à biseau dans les fausses portes. — Sur la cheminée, **Louis XIV à cheval**, bas-relief en stuc par Coysevox (ses ennemis sont foulés aux pieds par sa monture). — Le plafond, peint par le célèbre Le Brun, représente **la France Victorieuse**, cuirassée et casquée; elle tient d'une main la foudre, de l'autre un portrait lauré de Louis XIV. Dans les motifs des voussures, on voit *l'Allemagne*, *la Hollande* et *l'Espagne* vaincues par la France. Ces peintures symboliques produisirent chez les peuples qu'elles figurent un ressentiment pire que leurs défaites mêmes, qui se traduisit bientôt par de nouvelles guerres.

La Grande Galerie, ou **Galerie des Glaces**, est considérée comme le **chef-d'œuvre de l'art de Louis XIV**. Elevée par Mansart, à partir de 1679, elle fut terminée en 1682. La décoration fut faite sous la direction de Le Brun, qui donna également les esquisses du plafond. Elle mesure 72 m. de long et est large de 10 m. 50, haute de 13 m. à son cintre. Elle est éclairée par 17 grandes *fenêtres*, qui ouvrent sur le parc, sur ses parterres d'eau et sur l'admirable perspective du Grand Canal. En face des fenêtres, 17 *fausses fenêtres* sont revêtues de *glaces* carrées à biseau, réunies entre elles par des cuivres ciselés et dorés. Le **plafond**, œuvre colossale, exécuté sur toile par Le Brun et par ses élèves, comprend à la voûte 6 grands motifs principaux et 22 petits. Toutes ces compositions représentent *les Guerres et les Victoires de la France* contre la Hollande, l'Allemagne et l'Espagne, *la Protection accordée par Louis XIV aux Arts*, *et à son peuple.* — Dans la Grande Galerie se donnèrent jusqu'à la Révolution les bals et les fêtes de la cour, notamment les bals masqués. Enfin c'est ici que, par un amer retour du sort, le 18 janvier 1871, le roi de Prusse Guillaume ceignit pendant nos désastres la couronne impériale d'Allemagne. Plus près de nous, une brillante réception y fut faite à l'empereur et à l'impératrice de Russie, le 8 octobre 1896.

Deux portes, garnies de glaces, s'ouvrent dans la Galerie, face

Cl. Hachette.

Chambre de Louis XIV.

aux fenêtres du parc. Nous allons jusqu'à la seconde, qui nou[s] donne entrée dans la salle de l'Œil-de-Bœuf.

L'Œil-de-Bœuf (S. 123), ainsi appelé de sa petite fenêtre oval[e] en *œil-de-bœuf*, servait de salon d'attente à la Chambre du Roi e[t] à la cérémonie du « lever », à laquelle un certain nombre de pr[i]vilégiés étaient admis. — La pièce a conservé depuis Louis XI[V] sa belle décoration, parmi laquelle on remarque la **frise** de stu[c] doré, qui représente, sur un réseau d'or, des *Jeux d'enfants*; ell[e] est l'œuvre des sculpteurs Van Clève, Hurtrelle et Flamen. — Su[r] la cheminée, **buste de Louis XIV** par Coysevox, d'un aspect ampl[e] et magnifique. — Belle *table* de l'époque. — Curieux tableau d[e] Nocret, représentant en costumes mythologiques **Louis XIV et s[a] famille** (Louis XIV, demi-nu, est en *Apollon*; un peu au-dessous Marie-Thérèse, sa femme, en *Mère des Amours*).

La Chambre du Roi, ou **Chambre à coucher de Louis XIV**

ouvre à g. dans l'Œil-de-Bœuf. Elle donne, comme cette pièce, sur la Cour de Marbre. Louis XIV, chaque matin, y recevait sa chemise, en grande cérémonie; vers 1 h., il déjeunait sur une petite table, devant la fenêtre du milieu. Il y est mort, le 1er sept. 1715. — La décoration, en **boiseries sculptées** blanc et or, a été conservée. — Une **balustrade** dorée sépare le lit du reste de la chambre; elle est authentique. Le **lit** est une inexacte reconstitution du temps de Louis-Philippe (le lit de Louis XIV était à colonnes et à rideaux entièrement clos), mais la **tenture de la housse et du dais**, formée de morceaux assortis, est ancienne; elle provient, croit-on, du lit de parade du Salon de Mercure et ses compositions mythologiques auraient été brodées par Delobel, premier tapissier du roi. La merveilleuse **courte-pointe en dentelle**, aux chiffres enlacés de Louis XIV et de Marie-Thérèse, fut exécutée vers 1682, pour le lit même de la Reine. — De chaque côté du lit, deux beaux **meubles de Boulle**, en bois incrusté. — **Bénitier** royal, acheté et sauvé, à l'époque de la Révolution, par une vieille dame de Versailles. — **Figure de cire de Louis XIV**, par Antoine Benoist, coiffée d'une perruque peut-être portée par le roi, image d'un réalisme impressionnant et l'une des plus précieuses figures que nous possédions de Louis XIV (il avait alors 68 ans). — Le plafond présente son ancien aspect; au-dessus du lit, grand cintre décoré de **sculptures en stuc doré** de Nicolas Coustou (Renommées tenant des trompettes et, au centre, la France veillant sur le Roi, avec la couronne et le sceptre, parmi des trophées). — Sur la cheminée de g. (en regardant le lit), beau **buste de la Duchesse de Bourgogne** (belle-fille de Louis XIV et mère de Louis XV), par Coysevox. — Au-dessus de la corniche, *les Quatre Evangélistes*, peints par Valentin, y figuraient sous Louis XIV.

Le **Cabinet du Conseil** (S. 125), qui fait suite à la Chambre du Roi, date de Louis XV (1755) sous sa forme actuelle. — Ses belles **boiseries**, de bois sculpté et doré, sont du sculpteur Antoine Rousseau. — Belle **cheminée** de marbre rouge, de style Louis XV, avec bronzes ciselés, et belle *pendule*. — Dessus de portes peints par Houasse (*Histoire de Minerve*) et provenant du Grand-Trianon. — La table et l'écritoire sont apocryphes.

Sur le Cabinet du Conseil s'ouvrent les **Appartements de Louis XV** (*très recommandé*), qui se visitent sous la conduite d'un gardien (petite rémunération d'usage).

[Les **Appartements de Louis XV**, ou **Cabinets du Roi**, furent aménagés par ordre de Louis XV, afin de lui donner plus de commodité que les appartements fastueux de Louis XIV et lui permettre une sorte de vie libre et privée, en dehors des lois de l'étiquette. — CHAMBRE DE LOUIS XV, magnifiquement décorée de **boiseries**, par Verberckt; **tapisseries** des Gobelins. C'est ici que Louis XV, atteint de la petite vérole, fut ramené du Petit-Trianon, le 17 avril 1774. Il y mourut, le 10 mai, horriblement gangréné. Une porte dans l'alcôve ouvre sur un petit *cabinet de garde-robe* (fermé), de l'époque de Louis XVI, qui habita ensuite cette chambre. — CABINET DE LA PENDULE. Elle présente la même décoration de bois sculpté, par Verberckt, véritable dentelle d'or. Son nom lui vient de la **pendule de Passement** (1753), qui marque les phases du soleil, de la lune et des planètes, selon le système de Copernic. Sur le sol de la pièce, *méridienne de cuivre*, attribuée à Louis XVI, mais qui date également de Louis XV. *Tables en stuc*, figurant les plans des Forêts Royales. — CABINET DES CHIENS, appelé aussi *Cabinet des Chasses*, sans doute à cause de sa jolie *frise* en stuc, représentant des scènes de chasse. On y voit des portraits (rapportés) d'artistes de l'époque de Louis XIV. — SALLE A MANGER. Salle à manger privée de Louis XV, qui y mangeait souvent, soit avec ses filles, soit avec Mme de Pom-

Cl. P. Gruyer.

Chambre de Louis XV.

padour. Sur une table, entre les fenêtres, *outils de serrurie* de Louis XVI. *Tableaux* sur porcelaine. Petits *bustes*. *Pendule* en porcelaine. La pièce prend jour sur la **Cour des Cerfs**, défigurée; son nom lui vient de têtes de cerfs, sculptées et peintes, qui en ornaient les murs. On y faisait la curée sous Louis XIV. — Au-dessus de ces appartements s'étend, sous les combles du toit (on ne visite pas), l'*appartement de Mme Du Barry*, où Louis XV montait voir sa maîtresse par un escalier intérieur.]

Revenu au Cabinet du Conseil, on rentre directement dans la Galerie des Glaces, que l'on suit à nouveau vers la g., jusqu'à son extrémité, où se trouve le Salon de la Paix.

Le **Salon de la Paix** (S. 114) fait pendant au Salon de la Guerre, avec une ornementation semblable, et marque le tournant du palais vers l'Aile Sud, l'Orangerie et la Pièce d'eau des Suisses. — *Cheminée* de marbre vert, ornée d'une *Cléopâtre* (ou *Ariane*) antique (copie). — Au-dessus de la cheminée, *Louis XV donnant la paix à l'Europe*, par F. Le Moine (1729). — Le plafond, peint par Le Brun, est tout à la gloire de *la Paix* qui, dans le motif central, précède *la France*, tirée sur un char par quatre tourterelles; les autres nations sont représentées heureuses et tranquilles. — Le Salon de la Paix était le *Salon de Jeu* de la Reine, dont commencent les Appartements.

Chambre de la Reine (S. 115). Elle date de Louis XIV, mais a été remaniée sous Louis XV (la belle **glace** de l'entre-fenêtres est de cette époque) et Louis XVI. Marie-Thérèse, femme de Louis XIV, y est morte; Louis XV y est né; Marie-Antoinette y mit au jour ses 4 enfants. — Sur les murs, **tapisseries de l'Histoire d'Esther**, d'après De Troy. — *Dessus de portes* par Natoire et De Troy. — Au plafond : 4 **camaïeux** de Boucher (*la Charité, l'Abondance, la Fidélité, la Prudence*); au centre, *coupole en perspective*; les *sculptures* des angles sont en stuc doré (aigles de la maison d'Autriche) et furent exécutées par *Rousseau*, pour Marie-Antoinette. — Dans le fond de la pièce, au-dessus de deux petites portes sous tenture, *Marie Leczinska*, femme de Louis XV, par Nattier (à dr.), et *Marie-Antoinette*, par Mme Vigée Le Brun (à g.).

L'une des deux *portes sous tenture* donne accès aux **Cabinets de la Reine** ou **Petits appartements de Marie-Antoinette** (*très recommandé*). On visite sous la conduite d'un gardien (petite rémunération d'usage). — *N.-B. Comme on ne sort pas, la visite finie, par la même pièce, mais par la Salle des Gardes de la Reine* (p. 22), *on visitera, avant d'entrer, les 2 pièces en façade sur le parc qui font suite à la Chambre de la Reine : Salon de la Reine* (p. 22) *et Antichambre de la Reine* (p. 22); *on reviendra ensuite aux Petits Appartements.*

[Les ***Petits Appartements de Marie-Antoinette**, plus exactement *Cabinets de la Reine*, furent d'abord aménagés pour Marie Leczinska, femme de Louis XV, qui aimait à s'y retirer, pour prier, lire, peindre et méditer. Leur aspect actuel et leur merveilleuse décoration datent de Marie-Antoinette. Ce sont des pièces basses, sur une cour triste, où le soleil ne pénètre qu'aux jours d'été; mais c'était, dans ce vaste palais, un refuge intime où la reine pouvait se soustraire à l'ennui de l'étiquette. — BOUDOIR ou PETITE MÉRIDIENNE DE LA REINE. Pièce exquise, à pans coupés, établie pour Marie-Antoinette, vers 1781, d'après les dessins de l'architecte Mique. Dans un des pans est la *cheminée*, de marbre rouge, avec cuivres ciselés; dans deux autres, des *portes de glaces* sans tain. Autour de ces glaces, admirables **ciselures** de cuivre (de Gouthière ou de Forestier). Charmantes *boiseries* dorées et, face à la fenêtre, **niche de glaces** avec un canapé. — BIBLIOTHÈQUE (ancien atelier de peinture de Marie Leczinska; remaniée pour Marie-Antoinette). Élégantes *armoires vitrées*, de style Louis XVI, blanc et or; charmantes *figurines de Sèvres*. Aux portes, dos de livres reliés, en trompe-l'œil. — PETITE BIBLIOTHÈQUE (Cabinet de Bains sous Marie Leczinska), où se tenaient les femmes de chambre de la reine; *coffret* en soie peinte, offert à Marie-Antoinette par la ville de Paris, en 1782, pour contenir la layette du Dauphin. — GRAND CABINET ou SALON DE LA REINE. C'est la pièce capitale, par son ensemble décoratif (1783) et par les souvenirs qui s'y rattachent. La décoration des **boiseries** est l'œuvre des frères Rousseau et du style Louis XVI le plus pur. **Niche de glaces**, au cintre drapé de soie (un curieux effet de glaces fait qu'en s'y regardant, à une certaine place, on s'y voit sans tête; lorsque Marie-Antoinette eût été guillotinée, une légende se forma qu'elle en aurait eu un jour le pressentiment en se voyant ainsi dans cette glace). Belle **cheminée** de marbre rouge; petite *pendule* ayant appartenu à Marie-Antoinette. **Meubles** (rapportés), élégants et fins, et **lustre** ciselé par Gouthière. **Buste** de Marie-Antoinette, par Pajou. C'est dans cette pièce que se tenait le plus souvent Marie-Antoinette; elle y avait une harpe, un clavecin, sa corbeille à ouvrage et y réunissait sa société intime. — SALLE DE BAINS. On voit encore la place de la baignoire et des robinets. La reine s'en servait peu et se baignait d'ordinaire dans sa chambre. — CHAMBRE DE REPOS, auj. SALON JAUNE (tentures de soie modernes). *Tableau* (paysage) peint par Marie Leczinska, reine de France. — On sort des Petits Appartements par la *Salle des Gardes de la Reine* (*V.* ci-dessous).]

Salon de la Reine (S. 116). C'est là que se tenait le *Cercle de la Reine* et que se faisaient les présentations. Les reines y étaient exposées après leur mort et le public admis à défiler devant elles. — Aux murs, **tapisseries des Gobelins.** — Admirable **armoire à bijoux** de Marie-Antoinette, de style Louis XVI, avec médaillons de porcelaine blanche et bleue (elle provient du château de Saint-Cloud). — Le plafond, de Michel Corneille (époque de Louis XIV), représente *Mercure protégeant les Arts et les Sciences.*

Antichambre, ou **Salle du Grand Couvert de la Reine** (S. 117). C'est dans cette pièce que les reines de France mangeaient au *grand couvert*, soit seules, soit avec le roi, les fils et les petits-fils de France. Le public était admis à assister à ces repas, usage qui ne fut aboli que sous Marie-Antoinette. — Le plafond représente *la Famille de Darius aux pieds d'Alexandre le Grand*, copie du même tableau de Le Brun, qui est au Louvre. — Aux murs, **tapisseries des Gobelins.**

Salle des Gardes de la Reine (S. 118; on y sort des Petits-Appartements de Marie-Antoinette). C'est ici que, le 6 oct. 1789, lorsque le peuple de Paris eut envahi le château, débouchèrent un certain nombre d'émeutiers, menaçant d'envahir les appartements. Deux Gardes du corps tentent de barrer le passage; le premier est désarmé et entraîné dehors, où on lui coupe la tête; le second parvient à se dégager et donne le temps à un troisième de prévenir les femmes de Marie-Antoinette et de leur crier : « Sauvez la reine! » Un instant après il était terrassé à son tour, mais la reine avait eu le temps de fuir. — La pièce a conservé toute sa **décoration de marbres de couleur** de l'époque de Louis XIV. — Au-dessus de la cheminée, le *Grand-Dauphin et sa famille*, copie ancienne d'après Mignard; en face de la cheminée, la *Duchesse de Bourgogne*, par Santerre. — *Table* de bois doré, du style Louis XIV, avec esquisse de l'*Hiver*, par Girardon (la statue est au parc). — Intéressante série de **bustes** de marbre, des XVIIe et XVIIIe s. : *Marie-Antoinette*, par Le Comte; *Louis XVI*; *Marie Leczinska*, par Coustou; bustes avec *curieuses coiffures* de l'époque de Marie-Antoinette. — **Plafond** de Noël Coypel (le Père), un des plus beaux du château : au centre, *Jupiter accompagné de la Justice et de la Piété*; à la corniche, des figures accoudées d'hommes et de femmes, en costume Louis XIV, semblent regarder dans la salle.

De la Salle des Gardes de la Reine on passe, à g., sur le palier de l'Escalier de Marbre.

L'Escalier de Marbre, ou **Escalier de la Reine**, date de Louis XIV; commencé par Le Vau et terminé par Mansart, il servait également à gagner la chambre du Roi. C'était le véritable accès du château. — Sa **décoration de marbre** et d'appliques dorées est conservée et d'une grande beauté. Au palier supérieur, **niche** avec un groupe d'Amours, par Massou, soutenant un écusson aux chiffres enlacés de la Reine et du Roi. — Belle **loggia** ou vestibule, ouvrant sur la Cour de Marbre. — Grande **peinture en trompe-l'œil**, à la mode italienne, figurant un palais en perspective, par Meusnier, Poerson et Blain de Fontenay. — A la base de l'escalier (il descend à la Cour de Marbre), beau *buste de Louis XIV*, par Warin.

Cl. P. Gruyer.

Salle des Gardes de la Reine.

[Par l'Escalier de Marbre on peut sortir, si l'on est pressé, par la Cour de Marbre. — L'*Escalier de Stuc*, qui lui fait suite sur le palier du 1er étage, monterait au contraire à l'*Attique de Chimay* et *du Midi*.

L'Attique de Chimay (*visible tous les jours*), auquel on accède par l'Escalier de Stuc, qui date de Louis-Philippe, s'ouvre en haut de cet escalier, à dr. Il comprend dix salles renfermant d'intéressants portraits et documents divers sur la Révolution et l'Empire. — Salle 174 : portraits de *Mirabeau*, *Robespierre*, *Marie-Antoinette* au Temple, *Mme Roland*, *Charlotte Corday*, *Marat*, par Bounieu, David, Kocharsky et Hauer. — Salle 176 (à g. de cette salle est l'Attique du Midi; *V.* ci-dessous) : portraits de *Bonaparte*, de *Mme Récamier*, de *Mme de Genlis*, par Gros et David, par Mme Morin et Mme Ducrest. — Salle 177 (à dr.) : *Batailles de la Révolution et de l'Empire*, par le général Lejeune. — Salles 178 à 184 : ces salles sont consacrées aux portraits de la *famille de Napoléon Ier*, à ceux de ses généraux et de ses contemporains illustres; les principaux sont de Gérard, Gros, Mme Vigée-Lebrun et David. — On revient à la Salle 176, d'où un corridor amène à l'Attique du Midi.

L'Attique du Midi comprend : — Salle 171 : divers sujets de l'époque de Napoléon Ier (Napoléon décore les artistes au salon de 1808, par *Gros*; Mariage de Napoléon et de Marie-Louise, par *Garnier*). — Salle 170 : portraits de l'époque impériale. — Salle 169 : portraits de l'époque de la Restauration : *Charles X*, *Duc et Duchesse d'Angoulême* et *de Berry*, *Chateaubriand*, le *Duc de Reichstadt*, par Gérard, Gros, Girodet-Trioson, Kraft. — Salle 168 : elle forme une longue galerie, contenant des portraits documentaires et scènes historiques de la Restauration, de l'époque de Louis-Philippe et du 3e Empire. A signaler : les portraits peints par Winterhalter

(*Duchesse* et *Prince de Saxe-Cobourg*; la *Reine Victoria* en 1842; *Louis-Philippe* et la *Reine Marie-Amélie*, sa femme; l'*Impératrice Eugénie* [copie]; ceux par Ingres (le *Duc d'Orléans*) et Flandrin (*Napoléon III*); ceux par Ary Scheffer et Horace Vernet (*Baron* et *Baronne de Barante*); la danseuse *Taglioni*; *Gounod*; *Armand Carrel*. Parmi les tableaux : *Andrieux*, Lecture à la Comédie Française; *Isabey*, Retour des cendres de Napoléon.]

Traversant le palier de l'Escalier de Marbre, on passe dans la loggia qui regarde sur la Cour de Marbre. — Tandis qu'à g. on regagnerait l'Œil-de-Bœuf et la Chambre de Louis XIV, on prend à dr. de la loggia une porte qui ouvre sur :

Appartement de Mme de Maintenon. — Cet appartement, qui fut donné à Mme de Maintenon par Louis XIV, en 1682, a été complètement défiguré sous Louis-Philippe. *Il est auj. garni d'intéressants tableaux, représentant des personnages de la cour de Louis XIV et un certain nombre des artistes qui travaillèrent à Versailles.*

ANTICHAMBRE (S. 141). — **Sébastien Bourdon. Fouquet.** — *Inconnu.* Le Grand-Dauphin (fils de Louis XIV). — *Lallemant.* Ch. Perrault (l'auteur des *Contes*). — *Inconnu.* Le sculpteur Girardon.

CHAMBRE A COUCHER (S. 142). — *Inconnu.* Mme de Sévigné. — *Le Brun.* Turenne. — **P. Mignard. Le comte de Toulouse enfant** (fils de Louis XIV et de Mme de Montespan). — *Inconnu.* Pascal. — *Ant. Coypel.* L'orfèvre Claude Ballin (vases de bronze du parc). — **J. Nocret. Mlle de la Vallière. — Tournières. Dufresnoy, Crébillon,** auteurs dramatiques, et **Bodin,** médecin du roi (charmant tableau d'intérieur).

PETITE PIÈCE à la suite. — **Ecole de Mignard. Mme de Montespan.** — *Inconnu.* Le cabinet du Grand-Dauphin (rez-de-chaussée de Versailles), vers 1690. — **Antoine Benoist. Louis XIV** (dessin pour la cire de la Chambre du Roi; 1706). — *Mignard* (d'après). Mme de Maintenon. — *Inconnu.* La Bruyère.

GRAND CABINET (S. 143), où fut répétée devant le roi l'*Esther* de Racine, jouée à Saint-Cyr (1689), et où fut jouée *Athalie* (1702) par les princes et princesses de la cour. — **Mignard. La duchesse du Maine enfant** (elle fait des bulles de savon). — **H. Rigaud. Le marquis de Dangeau.** — **Mignard** (d'après). **Sa fille, Catherine Mignard.** — *Inconnu.* Jean Warin (sculpteur et graveur en médailles). — **Ant. Coypel. Louis XIV reçoit les envoyés persans dans la Galerie des Glaces** (1715). — *H. Rigaud.* Boileau; la Princesse Palatine (belle-sœur de Louis XIV et mère du Régent). — **Ferdinand Elle. Mme de Maintenon.** — *Ph. Vignon.* Mlle de Blois et Mlle de Nantes (filles de Louis XIV et de Mme de Montespan; un nègre leur offre des fleurs).

La **salle 144** ramène à la façade du parc, sur les parterres du Midi. — *Gilles Allou.* Le sculpteur Coysevox. — *H. Rigaud.* Le fondeur J. Jacques Keller et (en pendant) son frère J. Balthasar Keller (on leur doit les admirables bronzes des Parterres d'Eau du parc). — *Inconnu.* Vauban. — **H. Rigaud. Mignard.** — *Inconnu.* Racine. — **F. de Troy. Mansart. — Largillière. Son portrait.** — *Carlo Maratta.* Le Nôtre (célèbre dessinateur du parc de Versailles). — **Mignard. Colbert.** — *Inconnu.* Molière. — *H. Rigaud.* Le sculpteur Martin Desjardins.

Cl. P. Gruyer.

Galerie des Batailles.

[A dr. de cette salle, **Grande Salle des Gardes** (S. 140), où les rois lavaient les pieds, le Jeudi-Saint, à treize enfants pauvres. Cette vaste salle a été complètement défigurée sous Louis-Philippe. Plafond, par Callet : *Allégorie à la gloire du 18 Brumaire*. Dessus de portes peints par Gérard (*le Courage, le Génie, la Générosité, la Constance*). Aux murs, 3 immenses tableaux : **Distribution des Aigles par Napoléon, au Champ de Mars, le 5 décembre 1804**, par J.-L. **David**; **Bataille d'Aboukir** (25 juillet 1799), par **Gros** (commandée au peintre par Murat, que l'on y voit commandant la charge); **Centenaire des Etats Généraux** (inauguration, par le président Carnot, du Bassin de Neptune restauré, le 5 mai 1889), par **Roll**. Au milieu de la salle, *Napoléon mourant*, marbre, par Vela. — On revient à la salle précédente.]

Salle 145 (à g.). — Cette salle était ouverte aux marchands du dehors, qui y tenaient un bazar et vendaient aux habitants du château du papier, des livres, de la toilette et de la parfumerie. Elle a été transformée en *Salle de 1792* (*tableaux militaires* se rapportant à cette époque; *colonne de porcelaine* de Sèvres, offerte à Napoléon Ier par la ville de Paris).

Vestibule et **Escalier des Princes** (S. 147). Cet escalier donnait et donne encore accès à l'Aile du Midi, habitée jadis par les princes du sang, d'où son nom. Il date de Louis XIV et a été construit par Mansart; son plafond à caissons a été malencontreusement surbaissé par Louis-Philippe. Beaux **bas-reliefs** de pierre (enfants jouant avec des casques et des armes). Dans une niche, les *Trois Grâces*, par Pradier. — Traversant le palier, on entre dans la galerie des Batailles.

La **Galerie des Batailles** (S. 148) occupe tout le 1er étage de l'Aile du Midi. Les appartements anciens ont été abattus pour l'établissement de cette vaste galerie qui fit l'admiration des contemporains de Louis-Philippe; elle est l'œuvre (1836) des architectes Fontaine et Nepveu et mesure 120 m. de long sur 13 m. de large; sa décoration est une dernière et assez pauvre réminiscence du style Empire. — Nombreux *bustes*, la plupart sans valeur, de guerriers et de capitaines célèbres. — *N. B. La Galerie sert souvent, l'été, à une exposition de tapisseries des Gobelins, qui en cachent alors les tableaux.*

Aux murs, série de grands *tableaux* représentant les principales batailles de notre histoire, dont la plupart ne dépassent pas la médiocrité; c'est une sorte d'imagerie picturale. Nous citerons les meilleurs.

Il faut commencer par la g. (le nom de la bataille et celui du peintre sont au-dessous de chaque toile) pour suivre l'ordre chronologique, qui débute par : — *Ary Scheffer*. Bataille de Tolbiac. — Puis viennent : — (4e) *Horace Vernet*. Bataille de Bouvines; — (5e) **Delacroix. Bataille de Taillebourg** (il faut tirer hors de pair cette toile magnifique, un des chefs-d'œuvre du maître). — (4e avant-dernière) *Gérard*. Entrée de Henri IV à Paris.

A l'extrémité de la galerie : — Salle de 1830 (plafond médiocre, peint par Picot, en 1835 : *la Vérité protège la France*). — *Gérard*. Louis-Philippe à l'Hôtel de Ville, le 31 juillet 1830; — *Court*. Louis-Philippe donne les drapeaux à la Garde Nationale. — Tableaux modernes.

CHÂTEAU DE VERSAILLES (REZ-DE-CHAUSSÉE) ET PARTERRES DU PARC

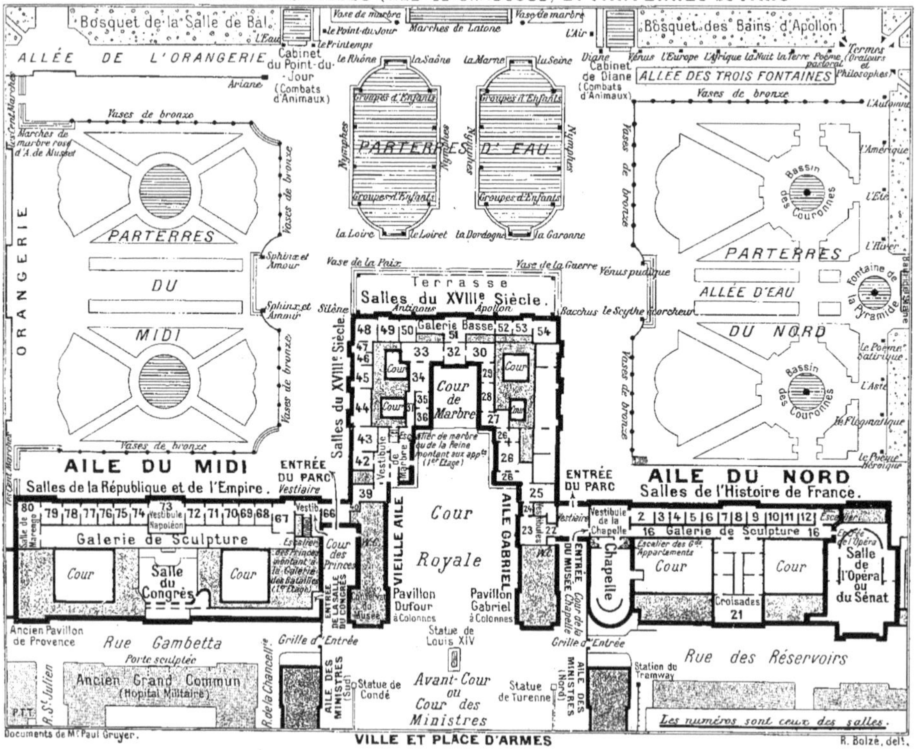

Bosquet de la Salle de Bal — Vase de marbre — Marches de Latone — Vase de marbre — Bosquet des Bains d'Apollon

L'Eau — le Point-du-Jour — L'Air — le Printemps

ALLÉE DE L'ORANGERIE — Cabinet du Point-du-Jour (Combats d'Animaux) — le Rhône — la Saône — la Marne — la Seine — Diane — Cabinet de Diane (Combats d'Animaux) — Vénus — L'Europe — L'Afrique — la Nuit — la Terre — Poème pastoral — Termes (Orateurs et Philosophes)

Ariane — ALLÉE DES TROIS FONTAINES — Vases de bronze — L'Automne

Vases de bronze — Marches de marbre rose d'A. de Musset — Les Cent Marches

Groupes d'Enfants — Nymphes — PARTERRES D'EAU — Nymphes — Groupes d'Enfants

Vases de bronze — L'Amérique — Bassin des Couronnes — L'Été

ORANGERIE — PARTERRES DU MIDI — Vases de bronze

la Loire — le Loiret — la Dordogne — la Garonne — L'Hiver

Sphinx et Amour — Vase de la Paix — Vase de la Guerre — Vénus pudique — PARTERRES — ALLÉE D'EAU DU NORD — Fontaine de la Pyramide — Bassin du Dragon

Terrasse — Salles du XVIIIe Siècle. — Antinoüs — Apollon

Sphinx et Amour — Silène — Bacchus — le Scythe — Rémouleur

48 49 50 Galerie Basse 51 52 53 54

47 46 45 44 43 42 — Cour — 33 32 30 — 34 — Cour de Marbre — 29 28 27 — Cour — 35 36 37 — 31

Salles du XVIIIe Siècle. — Vestibule de marbre — Escalier de marbre ou de la Reine montant aux app[ts] (1er Étage) — 26 — 26 — 26

Bassin des Couronnes — Le Poème satirique — L'Asie — Le Flegmatique — Le Poème héroïque

AILE DU MIDI — Salles de la République et de l'Empire. — ENTRÉE DU PARC — Vestiaire — 39

ENTRÉE DU PARC — AILE DU NORD — Salles de l'Histoire de France. — 25

80 Salle de Marengo — 79 78 77 76 75 74 — 73 Vestibule Napoléon — 72 71 70 69 68 — 67 — Vestib. — 66

Galerie de Sculpture — Escalier des Princes montant à la Galerie des Batailles (1er Étage) — Cour des Princes

Cour — Salle du Congrès — Cour

ENTRÉE DE LA SALLE DU CONGRÈS — Conservation du Musée — VIEILLE AILE — Cour Royale — AILE GABRIEL

Pavillon Dufour à Colonnes — Pavillon Gabriel à Colonnes — Statue de Louis XIV

24 23 22 — Vestibules — Vestiaire — ENTRÉE DU MUSÉE — Cour de la Chapelle — Chapelle — Vestibule de la Chapelle

2 3 4 5 6 7 8 9 10 11 12 — Escalier — 16 Galerie de Sculpture 16

Escalier des G[ds] Appartements — Cour — Croisades 21 — Cour — Foyer de l'Opéra — Salle de l'Opéra ou du Sénat

Ancien Pavillon de Provence — Rue Gambetta — Grille d'Entrée — Grille d'Entrée — Rue des Réservoirs

Porte sculptée — Ancien Grand Commun (Hôpital Militaire) — P.T.T. — R. St Julien — R. de la Chancell[ie]

AILE DES MINISTRES (Sud) — Statue de Condé — Avant-Cour ou Cour des Ministres — Statue de Turenne — AILE DES MINISTRES (Nord) — Station du Tramway

Les numéros sont ceux des salles.

Documents de Mr Paul Gruyer. — VILLE ET PLACE D'ARMES — R. Bolzé, del[t].

4-11

On revient à la galerie pour en suivre le mur opposé : — *Devéria.* Bataille de la Marsaille. — *Horace Vernet.* Fontenoy. — *Couder.* Bataille de Lawfeld (gagnée par le maréchal de Saxe ; il est à cheval devant Louis XV, à qui on amène un général anglais prisonnier). — *Philippoteaux.* Rivoli (Bonaparte vient d'avoir son cheval tué sous lui). — *Gérard.* Austerlitz. — *H. Vernet.* Iéna ; Friedland ; Wagram. — Tableau moderne : *Patrie*, par Bertrand.

[En arrière de la Galerie des Batailles s'étend (rarement ouverte) une **Galerie de sculpture** (nombreux moulages).]

On redescend par l'Escalier des Princes et on se trouve dans le **Vestibule de la Cour des Princes** qui, à l'opposé de celui de la Chapelle, sert de passage avec le Parc.

[Au rez-de-chaussée de l'Aile du Nord s'ouvrent, en bordure du parc, les **Salles de la République et de l'Empire** (*mercredi* et *samedi*). Ces salles (décoration de l'époque de Louis-Philippe), au nombre de 14 (S. 67 à 80), renferment des tableaux commémorant les principaux faits de notre histoire, de 1796 à 1810. Chaque tableau porte le nom du peintre et le sujet ; les œuvres principales sont de Gros, Girodet-Trioson, Thévenin, Drolling, Horace et Charles Vernet. — Au centre des salles, Vestibule Napoléon (S. 73) : *Voltaire*, par Houdon (moulage) ; *l'Impératrice Joséphine*, par Vital-Dubray ; *Washington*, par Houdon (bronze). — La salle 80, dite Salle de Marengo, termine l'Aile du Midi. — On revient sur ses pas par les mêmes salles ou par (ouverte rarement) une Galerie de Sculpture (bustes, statues, moulages) qui, parallèle à ces salles, ramène au vestibule d'entrée.]

N.-B. — Si l'on est pressé par le temps, on peut prendre immédiatement la visite du Parc (p. 29); *mais l'Itinéraire II du Château, qui n'est pas très long et comprend les Salles du XVIII*e *s., est recommandé à toute personne s'intéressant à la peinture et à l'art charmant de cette époque. On gagne ces salles par la porte qui fait face à la sortie de l'Escalier des Princes.*

ITINÉRAIRE II. — Début de l'itinéraire par le *Vestibule* à colonnes *de la Cour des Princes* (*V.* ci-dessous). Une porte ouvre sous ce vestibule, en face des Galeries de l'Empire et à côté d'une statue de *Louis XIV*, à la romaine, par Gilles Guérin (époque de Louis XIV). — On traverse l'Arcade du Midi (diverses statues, parmi lesquelles *Hoche*, en Grec, par Milhomme), pour arriver au **Vestibule de l'Escalier de Marbre** (bustes et statues). A g. de celui-ci s'ouvrent sur le Parc les Salles du xviiie s.

Salles du XVIIIe siècle (S. 42 à 54). — Elles occupent d'anciens appartements, habités notamment par le Régent, par le fils et les filles de Louis XV. Une précieuse collection de *portraits du XVIIIe siècle* orne aujourd'hui ces salles.

Salle 42 (ouvrant sur le Vestibule de Marbre). — *H. Rigaud.* Le Régent (il gouverna pendant la minorité de Louis XV). — **H. Rigaud. Louis XV enfant** (portrait charmant de celui qui devait devenir un si mauvais roi).
Salle 43. — Magnifique **pendule** du style Louis XV (le soleil éclairant le monde). — *Buste de Nicolas Coustou*, par Nogaret (d'après G. Coustou). — **J.-B. Van Loo et Ch. Parrocel. Louis XV.** — *J.-B. Van Loo.* Marie Leczinska. — *P.-D. Martin.* Sacre de Louis XV à Reims. — *Ecole de De Troy.* Voltaire jeune.
Salle 44. — *L.-M. Van Loo.* Philippe V et la Famille d'Espagne (esquisse

du tableau de Madrid). — *Belle.* Philippe V (roi d'Espagne; petit-fils de Louis XIV). — **J. Raoux. Mme Boucher d'Orsay** (à côté de l'autel de l'Amour). — *Rigaud* (d'après). Hercule, cardinal de Fleury. — **H. Rigaud. Louis XV** (1730).

Salle 45. — C'est dans cette pièce que naquirent (de Marie-Josèphe de Saxe, 2e femme du Grand-Dauphin, fils de Louis XV) Louis XVI, Louis XVIII et Charles X; ce fut aussi la chambre de Marie-Antoinette dauphine, lorsqu'elle vint en France pour épouser Louis XVI. — *Inconnu.* Gabriel (architecte de Versailles, sous Louis XV, et du Petit Trianon). — *Aved.* Le poète J.-Baptiste Rousseau. — *Roslin.* Choiseul. — *L.-M. Van Loo.* Choiseul (sans ressemblance aucune avec le portrait précédent). — *Michel Van Loo.* Carle Van Loo et sa famille. — Belle *pendule* Louis XV.

Salle 46. — **Nattier. Mme Adélaïde** (fille de Louis XV, en 1756; elle tient un fuseau; charmant portrait). — **Nattier. Mme de Pompadour.** — **Tocqué. A.-F. Poisson, marquis de Marigny** (frère de Mme de Pompadour). — **Nattier. Marie-Josèphe de Saxe** (femme du Grand-Dauphin, fils de Louis XV). — *Roslin.* Le peintre Boucher. — **Nattier. Marie-Leczinska** (en 1748).

Salle 47. — *Cabinet de musique du Grand-Dauphin*, fils de Louis XV; il a conservé une partie de sa charmante **décoration sculptée**, restaurée de nos jours.

Salle 48. — Grande pièce d'angle. — **Nattier. Portraits des filles de Louis XV** (*Mmes Victoire, Elisabeth, Adélaïde, Sophie, Louise, Henriette*), dans de beaux cadres anciens. — Extérieurement, beau **balcon** en fer forgé et doré, de l'époque de Louis XIV. Vue admirable sur le parc et les Parterres d'Eau.

Salle 49. — Ancien *Cabinet de travail du Régent* (il y mourut d'apoplexie foudroyante, le 2 décembre 1723, près de la duchesse de Falari). De beaux détails décoratifs y sont demeurés : portes dorées, fenêtres, frise du plafond; **cadre de glace** sculpté par Verberckt (à contre-jour); admirable **cheminée** décorée de bronzes ciselés et dorés (*Flore* et *Zéphyre*, par Jacques Caffiéri). — Au dessus de la cheminée, tapisserie des Gobelins, d'après le *Louis XV* de Carle Van Loo. — **Nattier. L'Infante Marie-Isabelle** (petite-fille de Louis XV). — **Nattier. Mme Adélaïde** (en Diane). **Mme Henriette** (en Flore; deux charmantes peintures).

Salle 50. — *Ducreux* (d'après). Marie-Antoinette jeune. — **Gauthier-Dagoty. Mme du Barry.** — *Drouais.* Mme Elisabeth enfant (sœur de Louis XVI). — **Drouais. Le Comte d'Artois** (futur Charles X) **et Mme Clotilde** (sa sœur) **enfants** (la fillette est sur une chèvre; charmante peinture, évocatrice des bergeries à la mode). — **L.-M. Van Loo. Louis XVI** jeune (1769). — **L.-M. Van Loo. Louis XVIII** jeune.

Salle 51 ou **Galerie Basse**, au centre de la façade. — Intéressante série des **Batailles de Louis XV par Martin et Lenfant**, dans de beaux cadres anciens.

[On laisse en arrière de la Galerie Basse un certain nombre de Salles, en bordure de la Cour de Marbre, contenant des *tableaux et portraits historiques*, en partie modernes, des *bustes* et *moulages*, pour continuer par les pièces sur le parc.]

Salle 52. — Ancien *Appartement des Bains*, sous Louis XIV. — *Inconnu.* Louis-Philippe d'Orléans (Philippe-Egalité, père du roi Louis-Philippe; il vota la mort de Louis XVI, mais n'en fut pas moins décapité en 1793). — **Callet. Louis XVI.** — **Hubert Robert. Les jardins de Versailles en 1775** (*Entrée du Tapis-Vert* et *Bains d'Apollon*; à cette époque eut lieu une replantation générale du parc). — **Pajou. Marie-Antoinette** (en 1774; médaillon marbre; on y voit la reine moins flattée que sur les tableaux de Mme Vigée Le Brun).

Salle 53. — **Mme Labille-Guiard. Mme Infante** (fille de Louis XV, vieille, en 1788; avec un perroquet). — **Schillin. Le duc d'Enghien enfant.** — **Mme Vigée Le Brun. Le Dauphin et Madame Royale** (c'est le 1er dauphin, mort en 1789, à la veille de la Révolution, et la future duchesse d'Angoulême, morte à Frohsdorff, en 1851; assis sur un banc de gazon, ils tiennent un nid d'oiseaux). — **Mme Vigée Le Brun. Marie-Antoinette et ses enfants** (en 1787; la reine porte une toque et une robe rouge; sur ses genoux, le duc de Normandie, âgé de 2 ans, qui devait mourir au Temple, en 1795; près d'elle, Madame Royale et le 1er dauphin, *V.* ci-dessus; tableau célèbre, peint à Versailles). — **Mme Vigée Le Brun. Mme Elisabeth** (sœur de Louis XVI). **Marie-Antoinette à la rose** (un des portraits les plus célèbres de la reine).

Salle 54. — Salle d'angle; de sa **décoration** faite par Verberckt, vers 1763, pour les filles de Louis XV, il subsiste d'intéressants morceaux (portes, volets, panneaux, corniche). — **Mme Vigée Le Brun. Duchesse d'Orléans** (femme de Philippe-Egalité). — **Mme Labille-Guiard. Mme Victoire** (fille de Louis XV, vieille, en 1788). — *Inconnu.* Princesse de Lamballe (curieuse coiffure). — *Inconnu.* Louvel, en 1820. — **Mme Labille-Guiard. Mme Adélaïde** (fille de Louis XV, vieille, en 1787). — *Mme Filleul.* Le duc d'Angoulême (1er fils de Charles X). — Entre les fenêtres, 6 *vases* sculptés, sur de beaux socles.

Il faut revenir ensuite sur ses pas, jusqu'au Vestibule de la Cour des Princes, par lequel on est entré. — Là, on peut encore aller visiter vers la dr. (à l'opposé du parc), dans la **Cour des Princes**, la Salle du Congrès, dont un écriteau indique l'entrée.

[La **Salle du Congrès** (elle dépend de la Chambre des Députés de Paris; on visite sous la conduite d'un gardien; petite rémunération d'usage). Cette salle, où les deux Chambres se réunissent auj. pour l'élection des présidents de la République, fut construite après la Guerre, en 1875, pour recevoir la Chambre des Députés; celle-ci y siégea jusqu'en 1879. — La **Salle des Séances** est en hémicycle, avec colonnade; au-dessus de la Tribune, vaste tableau de l'*Ouverture des Etats Généraux en 1789*, par Couder; à dr. et à g., **tapisseries des Gobelins**; sur les pupitres, des papiers blancs indiquent la place où siégèrent Gambetta, Thiers, Félix Faure et Carnot].

On passe ensuite dans le parc.

Cl. P. Gruyer.

Bassin de Latone.

LE PARC

Le *Parc* est ouvert du matin à la nuit; l'été, jusqu'à 10 h. du soir. — Les *Bosquets* entourés de grilles sont fermés du 1er nov. au 30 avril; quelques-uns ont également leurs grilles fermées pendant l'été. Mais pour visiter les uns et les autres il suffit de *s'adresser au Poste des gardiens*, qui est à l'entrée (à g.) du Tapis Vert (petit pourboire d'usage).

Le **Parc**, ou plus exactement les **Jardins** de Versailles, est l'œuvre de *Le Nôtre* (1613-1708), maître-jardinier célèbre, qui le dessina pour Louis XIV. Le premier tracé des jardins est de 1661; les derniers travaux se terminèrent à peu près en 1668. Ils sont le chef-d'œuvre du « jardin français ».

***ITINÉRAIRE.** — N.-B. Comme pour le Château, nous indiquons entre crochets* [ ] *les raccourcis d'itinéraire qui permettent au visiteur d'allonger ou de raccourcir la promenade à son gré.* — TERRASSE DU CHÂTEAU, BASSIN DE LATONE, ORANGERIE, PIÈCE D'EAU DES SUISSES, ALLÉE D'EAU ET NEPTUNE. — Que l'on entre dans le Parc, soit par le Passage de la Chapelle, soit par le Vestibule des Princes, on longe d'abord le corps central du château, pour déboucher sur la grande Terrasse et aux Parterres d'Eau.

La **Terrasse du Château** (*V.* le plan, p. 26) s'adosse au château. Surélevée de 7 marches, elle est ornée de 4 belles *statues* de bronze vert, d'après l'antique, et de 2 beaux **vases de marbre** : *Vase*

Cl. P. Gruyer.

Le Château, vu du Parc.

de la Guerre, par Coysevox, à dr. (en tournant le dos au château); *Vase de la Paix*, par Tuby (à g.).

Les **Parterres d'Eau** (nom des 2 bassins rectangulaires qui s'étendent devant cette terrasse) sont ornés de bronzes magnifiques, fondus sous Louis XIV par les frères Keller et figurant les **Fleuves** de France. Entre ces Fleuves, d'autres statues couchées figurent des **Nymphes des Eaux**, alternant avec des **Groupes d'Enfants**, d'une grâce charmante.

Au delà des Parterres d'Eau s'étend l'admirable **Perspective des Marches de Latone**. Du haut de ces marches (à dr. et à g., 2 beaux **vases de marbre**), l'œil embrasse (en se retournant) l'immense façade du château (580 m. d'une extrémité à l'autre et 375 fenêtres).

Du côté opposé, le spectacle n'est pas moins grandiose : — en dessous de soi, le **Bassin de Latone**, avec ses plombs dorés. Au faîte, *Latone*, avec Apollon et Diane, ses deux enfants, demande vengeance à Jupiter des insultes que lui ont fait subir des paysans lyciens; ceux-ci sont métamorphosés plus ou moins complètement en grenouilles; autour d'eux sont rangés des tortues et des iguanes (sorte de lézards). Lors des Grandes Eaux, hommes et bêtes lancent vers la déesse des jets qui s'entrecroisent. — Au-dessous de ce bassin, 2 autres *bassins*, improprement appelés **Bassins des Lézards**, continuent la métamorphose. — De chaque côté de la perspective que dessinent vers le Tapis Vert deux **rampes en Fer à Cheval**, plantées d'ifs, sont rangées des **statues** reproduisant des antiques pour la plupart. Au delà, le Tapis-Vert (p. 35) trace sa ligne droite vers le Bassin d'Apollon (p. 36) et le Grand-Canal (p. 36), qui s'allonge jusqu'à l'horizon, terminé par de grands peupliers.

Sur la terrasse, de chaque côté des Marches de Latone, sont les deux **Fontaines de Diane** (à dr. en tournant le dos au château) et **du Point-du-Jour** (à g.), ou **Cabinets des Animaux**, ainsi nommées de beaux **groupes de bronze**, figurant des Combats d'animaux. Elles sont encadrées de charmantes *statues de marbre* (*Diane* et *Vénus*, à la Fontaine de Diane; *le Printemps* et *l'Eau*, à la Fontaine du Point-du-Jour).

Vers la g. de la terrasse s'étendent les **Parterres du Midi**, qui dominent les **Cent Marches**, l'**Orangerie** et la **Pièce d'eau des Suisses**.

Les **Parterres du Midi** sont ornés de « broderies de buis » décrivant sur le sol de gracieuses rosaces; ils sont bordés de **vases de bronze**, par Ballin, et de vases de marbre. Ils amènent à la Terrasse supérieure de l'Orangerie et aux Cent Marches. — Les doubles *Escaliers*, dits des **Cent Marches** (103 marches), à l'allure cyclopéenne, sont l'œuvre de Mansart, ainsi que l'Orangerie, avec laquelle ils font corps. — L'**Orangerie** (*on n'y entre pas, mais la vue d'ensemble en est fort belle de la terrasse supérieure*) s'accote aux Parterres du Midi par de formidables murs de soutènement; ses galeries intérieures, magnifiquement voûtées, atteignent 384 m. de développement. Dans les parterres, au centre desquels est un bassin rond, s'aligne, l'été, une rare collection d'*orangers*, dont beaucoup remontent à Louis XIV. — La **Pièce d'eau des Suisses**, que l'on domine, est séparée de l'Orangerie et des Cent-Marches par la route de Versailles à Saint-Cyr. Elle fut creusée de 1678 à 1682, par un régiment de Gardes Suisses (d'où son nom). La pièce d'eau, qui était garnie d'une margelle de pierre, mesure 140 m. de long et se termine (statue de *Martius Curtius*) au *bois de Satory*, dont le coteau ferme l'horizon; au pied, passe la ligne du ch. de fer de Bretagne.

A dr. de la terrasse, où nous revenons, s'étendent les **Parterres du Nord**, appuyés à dr. à l'*Aile Nord* du château, que

PLAN DES JARDINS OU PARC DE VERSAILLES

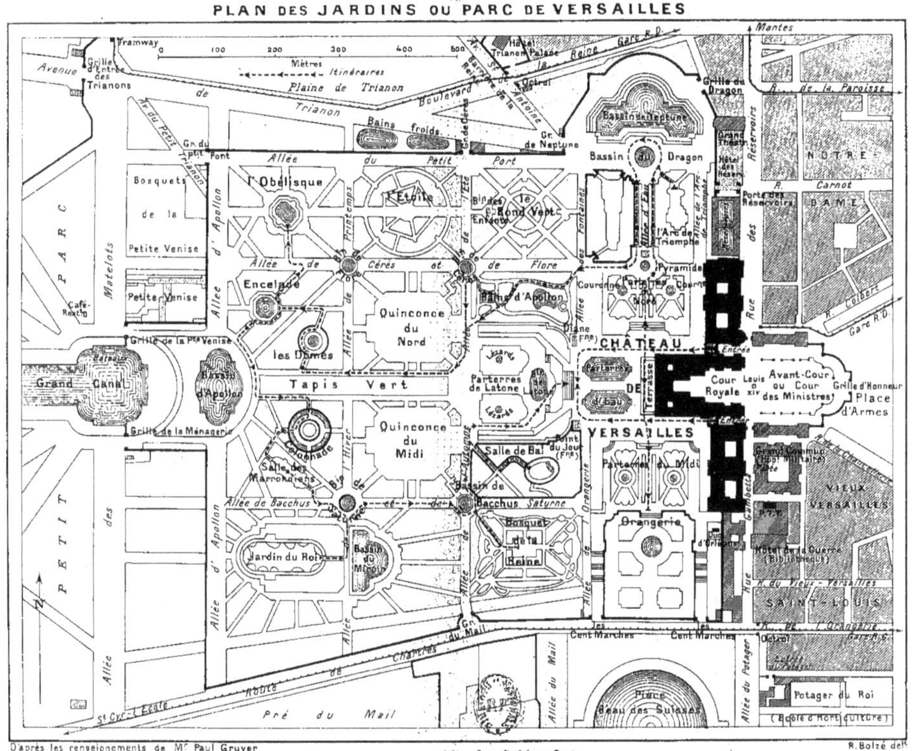

D'après les renseignements de Mr Paul Gruyer — 6-31. Imp. Dufrénoy, Paris. — R. Bolzé delt

domine le toit élégant de la Chapelle et d'où dépasse la plafond vitré de la salle de l'Opéra. — Nous y descendons de la Terrasse du Château (en face du Vase de la Guerre), par un **escalier de marbre** (à dr., le *Scythe écorcheur*, beau bronze vert d'après l'antique; à g., *Vénus accroupie* par Coysevox), pour en suivre l'allée centrale, bordée de petits ifs. On passe entre les deux jolis **Bassins** ronds **des Couronnes**, ou **des Sirènes**, et on arrive à la **Fontaine de la Pyramide**.

C'est une œuvre charmante, exécutée en plomb, par Girardon, d'après les dessins de Claude Perrault, l'architecte du Louvre; lors des Grandes Eaux,

Cl. P. Gruyer.

Bassin de Neptune (Groupe central de Neptune et d'Amphitrite).

l'eau jaillit du faîte et retombe en bouillonnant sur ses vasques superposées, d'où son nom populaire de *Pot-Bouillant*. — A dr. et à g. de la Fontaine de la Pyramide, des statues sont rangées le long des charmilles; on remarque, à g., **l'Hiver**, par Girardon, représenté par un vieillard se chauffant à un brasero. — En dessous de la Fontaine de la Pyramide, le **Bain de Diane** offre un bas-relief délicieux de Girardon, où Diane et ses nymphes se jouent parmi les roseaux.

Au Bain de Diane commence l'**Allée d'Eau**, ou **Allée des Marmousets**, qu'il faut suivre. Dessinée par Claude Perrault et Le Brun (1676-1688), elle comprend 22 petits **bassins**, ornés chacun de **trois enfants de bronze**. Tous ces groupes variés sont autant de petits chefs-d'œuvre.

L'Allée d'Eau nous a amenés au **Bassin du Dragon**, au **Bosquet de l'Arc de Triomphe** et au magnifique **Bassin de Neptune**, le plus colossal du parc.

Le **Bassin du Dragon** a été reconstruit d'après les plans et dessins qui en restaient, par le sculpteur Tony Noël, en 1889. Le groupe central figure un **Dragon percé d'une flèche**, que lui a lancée un des enfants qui l'entourent, montés sur des cygnes; le monstre vomit en guise de sang un énorme jet d'eau.

Le **Bosquet de l'Arc de Triomphe** s'ouvre à dr. du Bassin du Dragon. Il a été profondément modifié depuis Louis XIV; l'*arc de triomphe* en fer forgé, d'où jaillissaient des jets d'eau et qui lui a donné son nom, n'existe plus. Mais le beau groupe de **la France triomphante**, de Tubi et Coysevox, restauré, se voit encore à l'entrée du bosquet. Parmi les bustes et statues on voit à g. un curieux **Esope**, en plomb polychromé, par Le Gros; au fond du bosquet, groupe de *Méléagre tuant le sanglier de Calydon*, en marbre.

Le **Bassin de Neptune**, commencé sous Louis XIV par Le Nôtre et Mansart, ne fut terminé que sous Louis XV, en 1740; il a été restauré en 1889. Il forme un vaste hémicycle en amphithéâtre, dont les pentes gazonnées font face à un mur de soutènement, orné de **22 vases de plomb** richement ornementés. Au mur, au-dessous des vases, s'adosse le groupe principal de **Neptune et Amphitrite**, par Sigisbert Adam. A dr. de ce groupe : l'Océan, appuyé sur un monstre marin, par J.-B. Le Moine; à g. : **Protée**, autre dieu de la mer, avec une licorne, par Bouchardon. Aux deux extrémités : deux **Dragons marins** fantastiques, conduits par deux Amours, par Bouchardon.

Le spectacle du Bassin de Neptune est admirable et féerique lors des Grandes Eaux.

Du Bassin de Neptune (du côté opposé à la ville, *route de Trianon*), on remontera par l'Allée d'Eau à la Fontaine de la Pyramide, où on tournera à dr., à la statue de l'Hiver, pour longer la charmille et arriver à un carrefour circulaire, orné de beaux **termes de marbre**, représentant des *Orateurs* et des *Sages antiques*. — A g. de ce carrefour s'ouvre le Bosquet des Bains d'Apollon.

BOSQUETS DU NORD : — BAINS D'APOLLON, BASSINS DE CÉRÈS ET DE FLORE, LES DÔMES, ENCELADE, TAPIS-VERT, BASSIN D'APOLLON ET GRAND-CANAL (*V.* le plan). — *N.-B. Pour les Bosquets fermés, s'adr. au Poste des gardes (petit pourboire), à l'entrée du Tapis-Vert; pendant l'été, les gardes se tiennent d'ordinaire à la porte des Bosquets mêmes.*

Les **Bains d'Apollon** forment un bosquet assez différent des autres par son aspect. Il date de Louis XVI et fut dessiné, en 1776, par le peintre Hubert Robert; il appartient au genre du « jardin paysager ». Sous un énorme **rocher** artificiel, taillé en grotte, se trouve le groupe de marbre du **Bain d'Apollon**, servi par les Nymphes, de Girardon et Regnaudin (exécuté sous Louis XIV pour un autre bosquet détruit); à dr. et à g., 2 groupes des **Chevaux d'Apollon** abreuvés par des Tritons. Les sombres frondaisons de ce bosquet sont magnifiques.

On sort du bosquet par l'angle de dr. (en tournant le dos au rocher d'Apollon) et on trouve aussitôt le charmant **Bassin de Cérès** ou **de l'Eté**, par Regnaudin.

[Au delà du Bassin de Cérès et vers la dr., on trouverait, un peu en retraite dans la charmille, le petit **Bassin des Enfants**, aux délicieuses figurines de Hardy.]

Des Bains d'Apollon et du Bassin de Cérès, on revient vers la g., par l'allée **de l'Eté**, qui amène (beaux **termes de marbre** mythologiques) à l'entrée du Tapis-Vert. — A dr. de l'allée, en bas de la Rampe de Latone, charmante statue de **Vénus à la Coquille**, par Coysevox (copie; l'original est auj. au Louvre).

Cl. P. Gruyer.

Bosquet des Bains d'Apollon.

Le **Tapis-Vert** fait suite à la Descente de Latone dans la perspective du Parc. Il est précédé d'une **Demi-Lune** (à g., *Poste des gardes* qui ont la clef des bosquets fermés), ornée de 4 groupes sculptés dont le *Laocoon*, étouffé avec ses fils par des serpents, d'après l'antique.

[*Si l'on est pressé, on traversera droit devant soi la Demi-Lune du Tapis-Vert et on ira visiter aussitôt, à g. de l'Allée de l'Automne qui fait suite à l'Allée de l'Eté, le Bosquet de la Salle de Bal ou des Rocailles* (p. 40). *On reviendra ensuite au Tapis Vert.*]

Le Tapis-Vert, appelé sous Louis XIV l'Allée Royale, était alors empierré et l'on s'y promenait en carrosse. Il a 330 m. de long, **40 m.** de large et est couvert de gazon. Il est orné, de chaque côté, de beaux **vases de marbre** et de **statues** et se termine au Bassin d'Apollon. — Descendant le côté dr. du Tapis-Vert, on arrive à l'entrée du Bosquet des Dômes.

Le **Bosquet des Dômes** (à dr. et à g. étaient deux pavillons à dôme, d'où son nom) a un beau décor de marbre et de plombs dorés, **refait** de nos jours. Parmi les statues, *Galathée* et *Acis*, par Tuby.

[*Si l'on est pressé et que l'on veuille se rendre directement aux Trianons sans revenir sur ses pas, ressortir par la même porte, traverser le Tapis-Vert et visiter immédiatement la Colonnade* (p. 38), *d'où l'on continuera par le Tapis-Vert jusqu'au Bassin d'Apollon* (*V. ci-dessous*). *De celui-ci, on regagnera, à dr., le Bassin d'Encelade* (*V. ci-dessous*), *puis le Bosquet de l'Obélisque* (*V. ci-dessous*), *d'où l'on gagnera Trianon.*]

Sortant du Bosquet des Dômes par la porte opposée à celle du Tapis-Vert, on trouve : à dr., le **Bassin de Flore** ou **du Printemps**, par Tuby; à g., le Bosquet d'Encelade.

Le **Bosquet d'Encelade** renferme le **bassin** du même nom, avec des rocailles émergeant de l'eau et sous lesquelles est enseveli **Encelade**, par B. Marsy. La bouche du Titan foudroyé vomit, aux Grandes Eaux, un jet de 23 m. de haut.

Le **Bosquet de l'Obélisque**, dit aussi *la Gerbe* ou *les Cent-Tuyaux*, fait suite (en tournant le dos au Tapis-Vert et au Bassin d'Apollon) au Bosquet d'Encelade. On voit à son centre un bassin surélevé, aux pentes gazonnées; de nombreux jets jaillissent d'un massif de roseaux et forment une sorte d'obélisque liquide.

[*En continuant au delà du bosquet de l'Obélisque, on arriverait directement* (*5 à 10 min. env.*) *aux Trianons.*]

Du Bosquet de l'Obélisque on revient, à g., vers **la belle allée d'Apollon**, qui ramène au Bassin d'Apollon.

Le **Bassin d'Apollon**, qui termine le Tapis-Vert, vaste pièce d'eau octogonale, est orné, au centre, du beau groupe du **Char d'Apollon** (il sort de l'onde au lever du jour), par Tuby. Un curieux effet de perspective qui, des allées avoisinantes, fait disparaître l'eau du bassin et ne laisse voir que le char semblant sortir de terre, a fait donner au groupe le nom populaire du *Char embourbé*. — L'esplanade en **Demi-Lune** qui précède le Bassin d'Apollon, ainsi que les deux allées qui l'encadrent, est bordée de **termes** et de **statues**.

Deux grilles séparent l'esplanade du Bassin d'Apollon du **Grand-Canal** et marquent la délimitation des jardins, ou parc de Versailles proprement dit, avec l'ancien **Petit-Parc** qui s'étend au delà.

Bateaux : — *canots automobiles*, moins de 6 pers. : 3 fr. le *tour du canal*, 1 fr. 50 *aller à Trianon*; départ en commun : 50 c. par pers. le tour du canal, 25 c. Trianon. — *Canots à rames*, 50 c. l'heure et par pers.

Permis de pêche : — 1 fr. par ligne, pour une journée.

Restaurant : — du *Grand-Canal* (déj. ou dîn. 3 fr.), à l'entrée du Canal, près du ponton des canots.

Le **Grand-Canal**, creusé sous Louis XIV, mesure 1,670 m. de long; sa largeur moyenne est de 62 m., de 190 m. à sa partie extrême. Il est coupé en croix, en son milieu, par 2 bras (500 m. chacun), l'un allant vers *Trianon*, l'autre vers l'ancienne **Ménagerie** (auj. école de Pontonniers militaires), origine du Jardin des Plantes de Paris. Son périmètre total atteint 5 k. 1/2 et il couvre 23 hectares.

Le **Petit-Parc**, dont les futaies magnifiques bordent le canal, servait de réserve de chasse. Il est coupé de grandes allées qui vont : à dr., vers le Grand Trianon, et au delà vers *Marly*; à g., vers *Saint-Cyr*. Il se termine à **la Grille-Royale**, que l'on voit à l'extrémité du Canal.

Au delà du Petit-Parc s'étendait jadis le **Grand-Parc**, qui servait à la

Cl. L. Hachette.

Le Tapis-Vert et le Bassin d'Apollon.

grande chasse; il englobait 6,000 hectares de campagne, de nombreux villages et les **étangs** des hauts plateaux, qui auj. encore alimentent les Grandes-Eaux.

[*De la tête du Grand-Canal on pourrait se rendre directement aux Trianons ; soit en bateau* (*V. ci-dessus*)*; soit par la grande allée, dite Avenue de Saint-Antoine, qui fait face au ponton des bateaux. — De l'autre côté du canal, cette même allée, dite Allée des Matelots, rejoint la route de Versailles à Saint-Cyr.*]

BOSQUETS DU MIDI : — COLONNADE, SALLE DES MARRONNIERS, JARDIN DU ROI, BASSINS DE SATURNE ET DE BACCHUS, SALLE DE BAL : — Tournant le dos au Grand-Canal et au Bassin d'Apollon, on remonte le côté dr. du Tapis-Vert jusqu'à l'entrée du Bosquet de la Colonnade.

Cl. P. Gruyer.
La Colonnade.

La **Colonnade**, un des plus beaux ornements du parc, est l'œuvre de Mansart (1685-1688). D'inspiration italienne, elle se compose d'un cercle de portiques; sous chaque arcade, une vasque de marbre lance un jet d'eau qui retombe dans un canal circulaire. A son centre, groupe de l'**Enlèvement de Proserpine par Pluton**, un des chefs-d'œuvre de Girardon. La Colonnade servait, sous Louis XIV, pour les collations; Marie-Antoinette s'y fit donner, le soir, des concerts de musique.

Derrière la Colonnade se trouve la **Salle des Marronniers**, qui a beaucoup perdu. Il y reste 2 statues et 8 bustes moussus.

De la Salle des Marronniers, on arrive en quelques pas au **Bassin de Saturne**, ou **de l'Hiver**, par Girardon (groupe charmant du vieillard barbu, qui est l'image du Temps, et qu'entourent de petits Amours ailés, dont l'un tient un soufflet).

Presque immédiatement à dr. est le **Jardin du Roi**, que précède le **Bassin du Miroir**, aux glacis gazonnés.

Le **Jardin du Roi** a été dessiné par l'architecte Dufour, sous Louis XVIII. Entouré d'un treillage, il est renommé pour ses *fleurs* admirables. Au centre, élégante **colonne** portant une petite statue de Flore. Hors du treillage, statues colossales de l'*Hercule Farnèse* et de la *Flore Farnèse*, copies de l'antique (faites sous Louis XIV).

On revient au Bassin de Saturne, d'où on gagne (même allée) le

Bassin de Bacchus, ou **de l'Automne**, avec son groupe exquis par Marsy. Au fond de l'allée, on aperçoit les énormes murs de soutènement de l'Orangerie.

A dr. du Bassin de Bacchus, se trouve le **Bosquet de la Reine.**

Ce bosquet fut établi sous Louis XVI, à la place d'un ancien **labyrinthe**, et s'appela *Bosquet de Vénus*. Il est orné de bustes et de statues. C'est dans ce bosquet que se noua la fameuse mystification du cardinal de Rohan par Mme de la Motte, qui devait se terminer par **l'affaire du Collier**. Le cardinal de Rohan, qui déplaisait à Marie-Antoinette, désirait rentrer en faveur auprès d'elle: une intrigante, Mme de la Motte, lui fit croire qu'elle était admise dans l'intimité de la reine et que celle-ci lui accordait, dans le parc, une entrevue nocturne. Le 11 août 1784, la nuit étant obscure, une jeune femme de mœurs galantes, Nicole d'Oliva, qui ressemblait à Marie-Antoinette, fut vêtue comme elle et amenée dans ce bosquet par Mme de la Motte. Rohan en reçut une rose, à genoux, et, quelques jours après, il versait 50,000 livres entre les mains de Mme de la Motte, qui les lui avait demandées de la part, soi-disant, de Marie-Antoinette. Un an après, Mme de la Motte persuade à Rohan que la reine désire acheter, par son entremise, un collier de diamants estimé 1,600,000 livres, qu'elle paiera par billets. Rohan répond du paiement et le collier, livré à Mme de la Motte, est dépecé et vendu en détail, où elle peut. Bientôt tout se découvre. Au lieu d'étouffer l'affaire, Marie-Antoinette fait arrêter Rohan, quoiqu'il fût évident que le cardinal avait été une simple dupe; il fut acquitté par le Parlement et toute la royauté bafouée en la personne de la reine.

Cl. P Gruyer.

Bassin de Bacchus.

Du Bassin de Bacchus on se dirige, du côté opposé au Bosquet de la Reine, vers la Descente de Latone et l'entrée du Tapis-Vert par l'allée de l'**Automne**, ornée de beaux **termes** de marbre. — Un peu avant la rampe de Latone, à dr., entrée du Bosquet de la Salle de Bal.

La **Salle de Bal**, ou **des Rocailles**, date de Louis XIV; elle a été restaurée depuis. C'est un amphithéâtre gazonné, faisant face à des *rocailles* où l'eau tombe en cascades. De grosses **torchères** de plomb, jadis doré, et un groupe de l'*Amour domptant un satyre* complètent l'ornementation. On dansait sur le sol de l'arène et les musiciens se tenaient au-dessus des rocailles.

De la Salle de Bal on revient à l'entrée du Tapis-Vert, en laissant à g. le **Quinconce du Midi** (musique militaire, en été, les mardi, jeudi et dim., de 3 h. à 4 h. 1/2).

Si l'on veut se rendre ensuite aux Trianons, le plus simple est de redescendre le Tapis-Vert jusqu'au Bassin d'Apollon, que l'on contourne vers la dr., jusqu'à la tête du Grand-Canal. On peut, de là, se rendre en bateau au Grand-Trianon (*V.* p. 36), ou prendre à pied, vers la dr., la large **avenue de Saint-Antoine** (elle fait face au ponton des bateaux), qui amène à la grille d'entrée des Trianons.

ITINÉRAIRE DES GRANDES EAUX. — Les **Grandes Eaux** des bassins (*V.* les jours et heures, p. 5) sont un des principaux attraits de Versailles. Les jets sont au nombre de 607 et utilisent 10,000 m. cubes d'eau ; l'eau des bassins supérieurs repasse, après son emploi, dans les bassins inférieurs. La canalisation souterraine atteint 20 k.

Pour voir les Grandes Eaux (*elles durent une heure et on a le temps d'assister à leur jeu complet, sans courir*), on suivra cet itinéraire qu'indique d'ailleurs le mouvement de la foule : — attendre, sur la Terrasse du Château, aux *Parterres d'Eau*, le début des Grandes Eaux (on voit les fontainiers, avec de grandes clefs, aux bouches de fonte de la tuyauterie souterraine). A dr. et à g. des Marches de Latone : *Fontaines de Diane* et *du Point-du-Jour*, ou *des Animaux*. Au-dessous des Parterres d'Eau : *Bassin de Latone*, où les grenouilles et les tortues croisent leurs jets sur la déesse Latone. — Descendre à g. la Descente de Latone, vers le Tapis-Vert. Un peu avant l'entrée du Tapis-Vert, à g. : *Salle de Bal* ou *des Rocailles*, où l'eau retombe sur les rocailles, en nappes argentées. — Revenir au Tapis-Vert que l'on descend, à g., jusqu'à la *Colonnade*, un des motifs les plus féeriques, avec la résonnance de l'eau dans les marbres. — Revenir au Tapis-Vert et continuer jusqu'à son extrémité, au *Bassin d'Apollon*.

Du bassin d'Apollon on revient sur ses pas et on gagne à g. (en tournant le dos au bassin) le *Bassin d'Encelade* (jet de 23 m.). — D'Encelade, en continuant vers la g., on atteint l'*Obélisque*, où de nombreux jets sortent d'une touffe de roseaux. — Revenant sur ses pas et tournant le dos à l'Obélisque, on gagne le petit *Bassin de Flore*, puis à dr., vers le Tapis-Vert, le *Bassin des Dômes*, dont les balustrades d'appui se transforment en rigoles. — Remontant le Tapis-Vert vers le château, on entre, à l'extrémité du Tapis-Vert, à g., au bosquet des *Bains d'Apollon*. — On en ressort, du côté opposé, en bas des Parterres du Nord : *Bassins des Couronnes* ou *des Sirènes*; *Fontaine de la Pyramide*, dite le *Pot-Bouillant*. — Ensuite, par l'*Allée des Marmousets* (au-dessous du Pot-Bouillant), on arrive au *Bassin du Dragon* (jet de 27 m., le plus haut du parc) et à Neptune.

Le *Bassin de Neptune*, qui joue le dernier, est le plus grandiose; c'est le « clou » des Grandes Eaux ; 63 jets s'élèvent, comme autant de lances liquides, des vases de plomb et de la margelle où ils sont posés, tandis que le groupe central de Neptune et d'Amphitrite disparaît sous l'écume de grosses gerbes.

Cl. P. Gruyer.

Le Grand Trianon (Façade sur le Parc).

LE GRAND TRIANON

Le *Grand Trianon* et le *Petit Trianon* sont ouverts, sauf le lundi : du 1er mai au 31 août, de 11 h. mat. à 6 h. s. ; du 1er sept. au 31 oct., de 11 h. à 5 h. ; du 1er nov. au 1er mars, de 11 h. à 4 h. ; du 1er mars au 31 avril, de 11 h. à 5 h.

Le *parc* et les *jardins*, tous les jours, jusqu'à la nuit.

On se rend aux Trianons : — *de la ville*, par le bd de la Reine et l'avenue de Trianon ; tram (disque rose) de la gare Rive-Droite à Trianon (15 c.), en corresp. avec les autres trams (20 c.) ; voiture de place, 1 fr. 25 ; autos-taxis, *V.* p. 5 ; — *du Château*, à pied, par le Parc, 20 min. env. ; — *du Parc* (*Grand-Canal*), en bateau, *V.* p. 36.

Le tram qui vient de la ville, ou l'Avenue de Saint-Antoine qui vient du Parc, par la tête du Grand-Canal, amènent pareillement à la **grille d'entrée** du mur qui enclôt les deux Trianons; on voit devant soi le *Grand Trianon*, à dr. le *Petit Trianon*. Les voit. et autos pénètrent jusqu'à l'entrée intérieure des deux palais.

Le **Palais du Grand Trianon**, qui n'a qu'un rez-de-chaussée, fut construit par ordre de Louis XIV pour s'y reposer du faste de Versailles. Les balustres des toits étaient jadis ornés de vases et de groupes d'enfants.

Histoire. — Dès le début de la construction de Versailles, Louis XIV eut à cet endroit un petit pavillon de plaisance. En 1687, il le fit abattre et le

Trianon actuel fut construit par *Mansart*, qui en dessina en même temps le parc, et avec qui collabora sans doute son neveu, *Robert de Cotte*. — Louis XV y fit faire des remaniements intérieurs assez considérables, pour rendre les pièces plus confortables et moins froides; il étendit également les jardins vers la dr. du palais et fit construire le *Petit Trianon* (*V.* p. 45). — Napoléon fit remeubler le Grand Trianon, dépouillé comme Versailles à la Révolution, et vint l'habiter plusieurs fois; il s'y retira notamment, le 16 décembre 1809, le jour de son divorce avec Joséphine; il y vint en 1810, avec Marie-Louise. Un riche *mobilier Empire* y est en partie demeuré ou revenu.

La **Cour du Grand Trianon** est fermée, du côté de l'arrivée, par un petit fossé. A g. se voient les anciens **Communs**, auj. bureaux du Conservateur. — Passant le pont et la *grille* centrale, on se trouve dans une Cour carrée, s'ouvrant par un magnifique **Péristyle** à pilastres et à colonnes de marbre, sur la verdure du parc. *L'entrée du palais est à g., dans la Cour; on visite par escouades, sous la conduite d'un gardien (petit pourboire d'usage).*

AILE GAUCHE. — Un long *corridor* amène au **Salon des Glaces**, décoré de glaces carrées, à biseaux; cette décoration date de Louis XIV et c'est à ce point de vue *une des pièces les plus intéressantes.* — *Cheminée* de l'époque Louis XVI. — Jolis *meubles* de style Empire. — Grande *table* qui servit sous Louis-Philippe au conseil des ministres (en chêne de Malabar, d'une seule pièce de 2 m. 76 de diamètre ; la sculpture est mauvaise et lourde).

Chambre de Monseigneur. — D'abord *Chambre de Louis XIV*, puis *de Monseigneur* (fils de Louis XIV); devenue *chambre de Madame Mère* (mère de l'Empereur), sous Napoléon, puis *de Louis-Philippe.* Le beau **lit** doré est celui de **Madame Mère**; Louis-Philippe le prit pour lui et y fit ajouter son chiffre.

Antichambre de Monseigneur. — Boiseries de l'époque de Louis XIV. — Tableaux par Houasse (*Vie de Minerve*).

Salon de la Chapelle. — Dans un renfoncement, au fond de la pièce, était placé l'autel (sous Louis XIV). — Tableaux de *Fleurs*, par Monnoyer (époque de Louis XIV). — *Louis XV* et *Marie Leczinska*, par J.-B. Vanloo.

Salle des Princes ou **des Seigneurs**. — Cette salle correspondait à l'Œil-de-Bœuf de Versailles et c'est par elle que l'on entrait. — Au-dessus de la cheminée, *Armes de Louis XIV*, peintes par Mignard.

On sort et on traverse le Péristyle à jour, pour gagner l'Aile Droite.

AILE DROITE. — **Salon des Colonnes** ou **Salon Rond**. — La majeure partie de sa belle décoration date de Louis XIV; les dessus de portes sont de l'époque de Louis XV; la pièce fut alors transformée en chapelle, emploi qu'elle garda sous Louis XVI.

Salon de Musique. — Boiseries de l'époque de Louis XIV, ainsi qu'aux pièces suivantes. — Tableaux : *Louis XV*, par Van Loo; *Marie Leczinska*, par Nattier.

Grand Salon. — Il formait 2 pièces sous Louis XIV (*Antichambre des Jeux*, pour le Jeu, et *Chambre du Sommeil*, avec des lits de repos).

Cabinet du Couchant. — Il forme, sur le parc, l'angle de la façade principale et de celle en retour; son nom lui vient de son exposition au couchant.

Salon Frais. — Il est ombragé par de grands arbres. — Divers *tableaux* et *portraits* royaux. — **Coupe** et **vases en malachite** (habile mosaïque d'une infinité de petits morceaux), don de l'Empereur de Russie à Napoléon, après la paix de Tilsitt (les montures ciselées ont été faites en France), d'où le nom donné aussi à la pièce de *Salon des Malachites*.

AILE EN RETOUR. — Sur le Salon Frais s'ouvre, à g., la **Grande Galerie**, qui a gardé son ancienne **décoration** de Mansart; les marbres rouges et les

LES TRIANONS

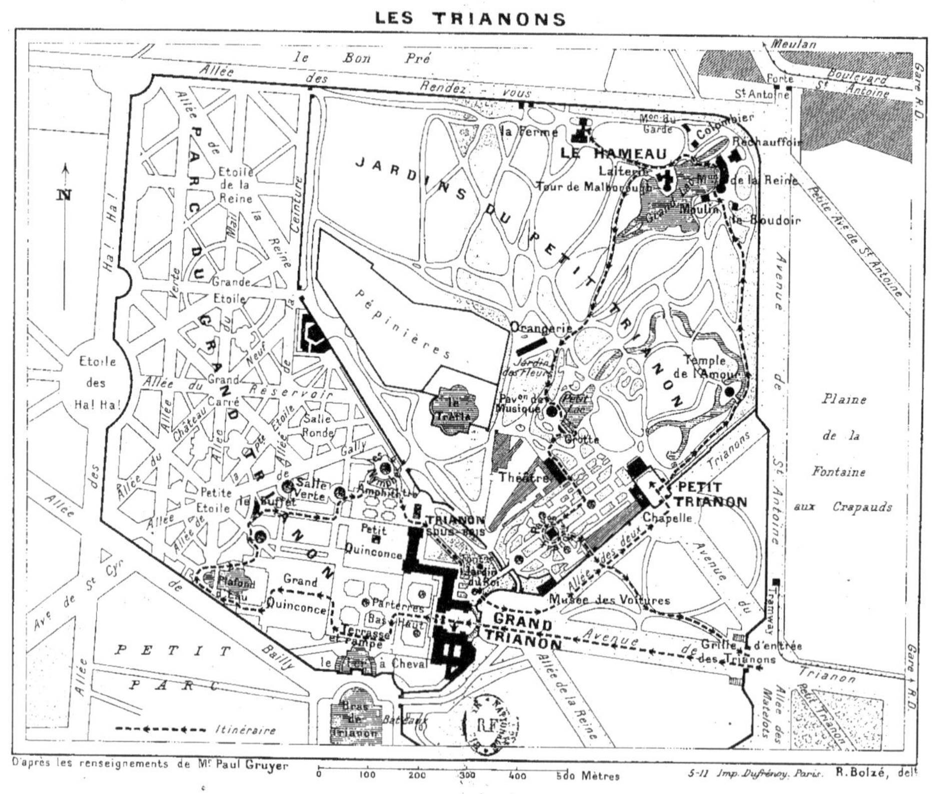

D'après les renseignements de Mr Paul Gruyer

5-11 Imp. Dufrénoy, Paris. R. Bolzé, delt

bas-reliefs dorés sont de l'époque de Louis-Philippe. — Entre les fenêtres, intéressants **tableaux** anciens de Cotelle, représentant les **Jardins de Versailles** sous Louis XIV, traités dans le style mythologique. — La Grande Galerie se termine par un grand salon, dit **Salon des Jardins**, qui ouvre d'un côté sur le parc, de l'autre sur l'aile de Trianon-sous-Bois.

AILE DE TRIANON-SOUS-BOIS (on ne visite pas), ajoutée sous Louis XIV, en excroissance au monument primitif, afin de l'agrandir. Elle comprend 2 étages. Une *chapelle* qui existe encore (sans intérêt) a été aménagée sous Louis-Philippe.

On revient au Salon Frais.

Salon des Sources. — Ainsi nommé sous Louis XIV, de nombreuses petites *sources* qui coulaient dans les parterres situés sous ses fenêtres. — **Tableaux de Boucher** (d'où son autre nom de « Salon des Boucher ») : *Neptune et Amymone*; *Vénus et Vulcain*; *La Bonne Aventure*; *La Pêche*. — Sur la cheminée : **Ancien aqueduc de Néron, par Hubert Robert**; — **L'Hiver**, par **N. Coypel**. — Napoléon se fit de la pièce une *Bibliothèque*.

On se trouve, à partir de cette pièce, sur la façade qui regarde le *Jardin du Roi*. Les 5 pièces formèrent, sous Louis XIV, l'*Appartement de Mme de Maintenon*. Elles furent ensuite habitées par Louis XV et par Mme de Pompadour. Finalement, ce fut l'APPARTEMENT DE NAPOLÉON ET DE MARIE-LOUISE. La décoration des pièces et les meubles (en partie rapportés) sont de cette époque :

Antichambre. Tentures jaunes (refaites). — **Cabinet de Travail** de Napoléon. *Tentures bleues*, anciennes. — **Salle de Bains.** La baignoire est recouverte par un canapé. — **Chambre de Marie-Louise** (Napoléon avait aussi sa chambre, dont on ignore l'emplacement exact). **Lit** en bois d'orme, avec appliques de cuivre doré (il provient du Château de Meudon), magnifique spécimen du style Empire. — **Salon Jaune. Table** en mosaïque romaine, offerte par le pape à Napoléon (la monture est médiocre, mais la mosaïque est d'une grande valeur).

On tourne sur l'autre face du Jardin du Roi. Les pièces qui suivent furent habitées par Louis XIV, mais ont été en partie défigurées.

Antichambre du Roi. — Belle **cheminée** (époque Louis XV), en brèche violette. — Belle **table** de l'époque de Louis XIV, avec dessus de mosaïque.

Chambre du Roi. — Elle fut meublée sous Louis-Philippe pour la reine d'Angleterre Victoria, qui n'y vint pas; les meubles et le lit sont de mauvais goût. — Tableaux de *Fleurs* et *Fruits* (époque de Louis XIV).

On sort dans la même cour par laquelle on est arrivé.

N.-B. — Si l'on est pressé, on ira aussitôt visiter le Musée des Voitures (*à g. en sortant du Grand Trianon*; p. 44), *d'où on gagnera le Petit Trianon* (p. 45). *Sinon, on visitera avec intérêt le Parc du Grand Trianon.*

Parc du Grand-Trianon. — Le Parc du Grand-Trianon a été dessiné par Mansart; il est fort beau. Les **eaux des bassins** y jouent, l'été, le 3e dim. du mois.

Du Péristyle à jour du palais, on descend dans des **parterres de fleurs**, sur lesquels la façade du palais se développe dans toute sa beauté. En face de soi (en tournant le dos au palais) on aperçoit, dans un encadrement de sombre verdure, le Bassin du Plafond-d'Eau (*V.* ci-dessous) et ses marbres rouges. — Se dirigeant vers la g., on arrive à la **Terrasse** de l'**escalier du Grand-Canal**, en pierre et à double rampe en fer-à-cheval (grilles fermées), d'où la vue est magnifique (en face, bras de l'ancienne *Ménagerie* de Louis XIV). C'est ici que la Cour arrivait en gondole à Trianon. *Les canots du Grand Canal y débarquent aujourd'hui leurs passagers.*

On revient ensuite, en obliquant vers la g., au **bassin du Plafond-d'Eau**, ou **du Miroir**, décoré de 2 *Dragons* de style chinois. — A dr. du Plafond-d'Eau (en tournant le dos au palais), on gagne le **Buffet**, belle fontaine en forme de buffet ou de desserte, dessinée par Mansart, en marbre blanc et rouge et à plombs dorés; c'est la **pièce principale** des Eaux du Grand Trianon. — Du Buffet, on revient sur ses pas par l'Allée qui lui fait face et qui aboutit à l'aile de Trianon-sous-Bois, humide sous les grands arbres. A g., un peu avant, est l'**Amphithéâtre**, décoré de 25 *bustes de marbre*, d'après l'antique, et d'un **bassin** avec 4 charmantes statues de **Nymphes**. — Revenant vers Trianon-sous-Bois, que l'on contourne vers la g., on passe sous de grands sapins et devant la charmante **Fontaine de l'Amour** (restaurée), par Marsy, pour arriver (à dr.) au petit parterre carré dit **Jardin du Roi**. — Du Jardin du Roi, un **pont**, à g. (construit sous Napoléon Ier), relie le Grand au Petit Trianon, tandis qu'une **porte carrée**, dans le mur du parc, nous ramène à l'esplanade qui précède le Grand Trianon.

A g. du Palais du Grand Trianon et de la sortie du Jardin du Roi, se trouve, dans un petit pavillon, le curieux **Musée des Voitures**:

Carrosse du sacre de Charles X, énorme voiture dorée qui servit au baptême du Prince Impérial, sous Napoléon III (au faîte, groupe de Renommées soutenant la couronne impériale; l'aigle de Napoléon a remplacé les armes de France). — **Calèche** de baptême (1820) du duc de Bordeaux (futur comte de Chambord), qui servit ensuite (1853) au mariage de Napoléon III et de l'impératrice Eugénie. — **Calèche de Napoléon Ier**, dite la *Topaze*, qui fut sa voiture de mariage avec Marie-Louise. — **Chaises à porteurs** de Marie Leczinska et de Marie-Antoinette. — **Traîneaux** du XVIIe et du XVIIIe s.

Du Musée des Voitures on gagne (à g. en sortant) l'entrée du Petit Trianon.

C. L. Hachette.

Le Petit Trianon.

LE PETIT TRIANON

Le **Palais du Petit Trianon** fut construit pour Louis XV, en 1766, par l'architecte Gabriel; il devint surtout célèbre sous Marie-Antoinette, qui fit agrandir les jardins et aménager le fameux Hameau paysan, qui subsiste encore.

Histoire. — Louis XV ne sachant comment distraire son ennui, Mme de Pompadour lui fit établir en 1749, à proximité du Grand Trianon, une petite *Ménagerie* paysanne, avec vaches, poules et pigeons, qui s'orna bientôt d'un élégant pavillon de repos, dit *Pavillon Français*. De 1762 à 1768, Louis XV compléta cet ensemble par le palais du Petit Trianon. *Gabriel* en fut l'architecte. Mme Du Barry y remplaça Mme de Pompadour, morte en 1664. C'est là que Louis XV, le 27 avril 1774, âgé de 64 ans, sentit les premières atteintes de la petite vérole infectieuse qui devait l'emporter. — Louis XVI, devenu roi, donna à Marie-Antoinette les deux Trianons. Le Petit Trianon surtout plut à la reine. Elle y venait presque chaque jour, quand la Cour était à Versailles, et y séjournait souvent un mois entier, affranchie de toute étiquette. Sa société se composait de ses deux beaux-frères, les comtes de Provence et d'Artois (futurs Louis XVIII et Charles X), de la princesse de Lamballe et de quelques autres familiers. Une petite *salle de Comédie* permit à la reine de monter sur les planches et d'y débuter, le 1er août 1780. Mais le principal attrait fut le nouveau *jardin anglo-chinois*, ou *jardin paysager*, constitué de 1774 à 1786 : grottes, rochers, rivière, petits pavillons intimes, arbres exotiques et, en dernier lieu, *hameau paysan*; il était la réaction du goût de la « nature », mis à la mode par Rousseau, contre l'ancien jardin français. — La Révolution démeubla entièrement le Petit Trianon. Un certain nombre de meubles y ont été rétablis (beaucoup proviennent de Fontainebleau), soit contemporains de Marie-Antoinette, soit lui ayant appartenu.

La **Cour du Petit Trianon** est fermée par une grille que l'on franchit; à g., **chapelle** de **1772**, qu'on ne visite pas. — Au fond de la cour se présente le palais du Petit Trianon, avec un toit plat à balustres. La façade principale est à g., sur le jardin. *On visite par escouades, sous la conduite d'un gardien* (*petit pourboire d'usage*).

Du Vestibule d'entrée, on monte le superbe **escalier** dont on admire la **rampe** de fer forgé (époque de Louis XV), à laquelle ont été ajoutés les chiffres dorés de Marie-Antoinette; la **lanterne** est de l'époque de Louis XVI.

Antichambre (1er étage). — Dessus de portes, peints par Natoire, pour Louis XV et Mme de Pompadour : *La Beauté rallume le flambeau de l'Amour*; *Sommeil de Diane*; *Télémaque et Calypso* (Télémaque a les traits de Louis XV).

Grande Salle à manger. — **Intéressante décoration** de l'époque Louis XV, exécutée pour Mme Du Barry, d'après les dessins de Gabriel. — Dans les panneaux, 2 **tableaux**, placés par Marie-Antoinette et rappelant un *Ballet dansé à Schœnbrunn* par ses frères et par elle, âgée de 10 ans. — *Guéridon* rond, en stuc (époque Louis XVI). — Sous Louis XV, une grande *table volante* montait du rez-de-chaussée toute servie, par un mécanisme ingénieux, à travers le plancher qui s'entr'ouvrait, ce qui supprimait le service indiscret des valets.

Petit Salon. — Des meubles de l'époque Louis XVI y sont réunis. — Portrait présumé de *Louis XVII* (le petit Dauphin mort au Temple), copie d'un pastel de Kocharsky.

Grand Salon. — C'est la pièce principale, où Marie-Antoinette jouait du clavecin et donnait concert à ses invités. Magnifique **décoration** sculptée des boiseries (époque Louis XV). — Beaux **meubles** au chiffre de Marie-Antoinette, rapportés à défaut de ceux qui s'y trouvaient. — *Clavecin*. — 2 *vases de bois pétrifié*, montés sur bronze (Vienne, 1780), ayant appartenu à Marie-Antoinette. — Dessus de portes peints par Pater (*la Danse*; *la Balançoire*; *Repos champêtre*; *Concert champêtre*).

Les pièces qui suivent sont entresolées.

Boudoir. — Cette pièce a été remaniée pour Marie-Antoinette, par son architecte Mique (*boiseries* et *cheminée*); sur la cheminée, *buste* de Marie-Antoinette, brisé à la Révolution.

Chambre à coucher. — Ancien *Cabinet de Louis XV*, devenu chambre de Marie-Antoinette, qui y coucha toujours seule et sans Louis XVI. — Sur la cheminée, charmante **pendule** avec les aigles d'Autriche, entre 2 *vases* aux bronzes ciselés; *table* en marqueterie, aux initiales de Louis XVI et de Marie-Antoinette; *commode* avec ciselures; *chaises* au chiffre de Marie-Antoinette. — Le *lit*, de l'époque Louis XVI, n'est pas celui de la reine, mais la **courte-pointe** a été brodée pour elle (on y voit son chiffre et celui du roi).

Salle de Bains. — Etablie pour Marie-Antoinette; ancienne *bibliothèque botanique* de Louis XV.

On sort du palais par la même cour et on entre à g. (en tournant le dos au palais) dans les **Jardins**.

Ces Jardins offrent une magnifique végétation, en grande partie d'*arbres exotiques et rares*, dont quelques-uns, les *cèdres* notamment, remontent à Louis XV; la plupart des autres arbres ont été replantés en 1830.

Cl. L. Hachette.

Temple de l'Amour.

Entrant dans les Jardins par la cour du Petit Trianon, on longe à dr. la charmille de buis qui les borde et on arrive bientôt au délicieux **Temple de l'Amour**, situé dans une petite île; il abrite *l'Amour se taillant un arc dans la massue d'Hercule*, par Bouchardon.

Continuant la même allée, on arrive au **Hameau**, dont les constructions (toits de chaume; murs imitant la vieille brique) forment une sorte de village d'opéra-comique. — On rencontre d'abord le **Moulin**, avec sa roue à palettes, en bordure de l'**étang**, ou **grand lac**. — Plus à dr., et à demi caché sous la feuillée, est le **Boudoir**, qui précède la grande maison centrale, ou **Maison de la Reine**. Celle-ci se développe en demi-cercle, avec arcades de bois et balcon couvert; elle comprenait *Salle à manger*, *Cabinet de jeu* de tric-trac, *Billard* et 2 *Salons*. — Derrière la maison de la Reine, une petite maison, dite le **Réchauffoir**, servait de cuisine.

On traverse, sur un petit **pont de pierre**, la rivière (nombreux poissons) qui sort de l'étang et au bord de laquelle, un peu en retrait, à dr., on aperçoit la **Maison du Colombier** (le colombier ou *Pigeonnier* se voit encore dans les combles; au rez-de-chaussée était le *Poulailler*). — A g., au bord de l'étang, la charmante **Laiterie**, avec ses tables de marbre, est attenante à la **Tour de Marlborough**, en bois, avec soubassement de pierre (escalier extérieur; au sommet, balcon circulaire). — Enfin on gagne, vers la dr., la **Ferme**, dont les bâtiments, qui comprenaient la *Vacherie* et les *Etables* à moutons, à chèvres et à porcs, sont reliés entre eux par un **portail** de pierre.

Contournant le lac vers la g. (au bord, *cyprès de la Louisiane*, aux racines émergeant de l'eau), on remonte à son extrémité le petit ruisseau qui l'alimente et on gagne un second **petit lac**.

Le **Belvédère** domine celui-ci, sur une petite butte plantée de buis, dite la **montagne de l'Escargot**. C'est un pavillon octogone, dont la dépense s'éleva à 64,990 livres; il est entouré de *Sphinx* et sa décoration intérieure rappelle les peintures de Pompéi et d'Herculanum. — A dr. du Belvédère (en regardant le lac) est la **Grotte**, en roche artificielle, avec un **pont de bois** sur une ravine. C'est dans cette grotte que Marie-Antoinette passa ses dernières heures à Trianon; elle y était assise, le 5 octobre 1789, lorsqu'un page vint lui annoncer que l'émeute avait envahi Versailles.

[Derrière la butte du Belvédère s'étend l'intéressant **Jardin Charpentier**, ou **Jardin des Fleurs** (arbres exotiques et fleurs magnifiques), qui date de 1850 et doit son nom au jardinier qui l'a planté.]

Du Belvédère et de la Grotte on revient vers le palais de Trianon que l'on aperçoit dans le feuillage et, en inclinant un peu vers la dr., on trouve, à demi cachée par les arbres, l'entrée du **Théâtre de Trianon** (un *portique à colonnes*, avec bas-relief, l'indique), élevé pour Marie-Antoinette, qui y joua la comédie (on ne visite qu'avec autorisation spéciale).

Du Théâtre on arrive au **Jardin Français** de Trianon, qui date de Louis XV, et est d'un dessin charmant, avec ses charmilles tournantes. A g., on voit la vraie façade du palais du Petit Trianon et ses escaliers de pierre. — Vers la dr., on trouve le **Pavillon Français**, construit par Gabriel (1751) pour Louis XV et Mme de Pompadour ; à l'int., restauré, on voit par les fenêtres les riches colonnes

Cl. P. Gruyer.

La Maison de la Reine.

dorées et la magnifique **frise** du salon central (animaux de basse-cour, sculptés et dorés).

Au delà du Pavillon Français, on se retrouverait, par le pont qui est à l'extrémité de l'allée, au Grand Trianon. On peut sortir soit de ce côté, soit en revenant à la cour d'entrée du Petit Trianon, soit plus directement par une *petite porte* qui ouvre dans le mur d'enceinte du parc (derrière les charmilles, à proximité du Pavillon Français, *V.* la carte; dernier départ du tram à 7 h. 20).

Cl. P. Gruyer.

Salle du Jeu de Paume.

LA VILLE

La ville de Versailles compte un certain nombre de monuments intéressants, soit par leur architecture, soit par leurs souvenirs historiques. Pour les visiter, on suivra l'itinéraire suivant (*V.* le plan, p. 7).

ITINÉRAIRE. — Départ de l'itinéraire de la Cour supérieure du Château et de la statue de Louis XIV.

A dr. de la statue de Louis XIV (en tournant le dos au château), passant la grille, on descend par une rampe à la *rue Gambetta.* — Au n° 1, à g., est le **Grand-Commun** (auj. *Hôpital Militaire*), construit par Mansart, et qui était affecté à tous les services de la « Bouche » du Roi et de la Cour (l'étage supérieur a été ajouté en 1826). Belle **porte** à encadrement sculpté et belle **cour** intérieure. — A dr. de la rue s'allonge l'Aile du Midi du château, occupée auj. par la Salle du Congrès. C'est ici le *Quartier du Vieux-Versailles,* origine de la ville.

Continuant à suivre la rue Gambetta (à g., dans la *rue Saint-Julien*, bureau central de la *Poste-et-Télégraphe*), on voit à g. (n° 3) la magnifique **porte** ornementée de l'ancien **Hôtel de la Guerre** (1759), auj. *École des Sous-Officiers* (dans la cour, **monument de Lazare Carnot**). — Au n° 5, ancien **Hôtel des Affaires étran-**

gères, ou **Bibliothèque de la Ville** (de midi à 5 h.; le dimanche de midi à 4 h.; fermée du 15 août au 15 oct.). L'hôtel date de 1761; belle **porte** ornementée. On y voit un petit **musée** (peinture et sculpture; *moulages de Houdon*). Les anciennes **Salles des Archives** ont conservé leur magnifique décoration de l'époque de Louis XV. — Le n° 6 de la rue (à dr.) est l'ancien *Hôtel de la Surintendance* (1670); Louvois y est mort, en 1691. — On arrive rue de l'Orangerie.

Traversant la *rue de l'Orangerie* (à dr., *route de Saint-Cyr* et Pièce d'eau des Suisses), on prend, presque en face de la rue Gambetta (un peu à g.), la *rue de La Quintinie*, qui amène à la *rue Hardy* et à l'ancien **Potager du Roi**, auj. *Ecole d'Horticulture* (tous les j., de 8 h. à 11 h. et de 1 h. à 5 h.; on signe en entrant, chez le concierge; *vente de fruits et fleurs*, à des prix avantageux), où l'on voit la statue de *La Quintinie* (1626-1688), qui l'aménagea sous Louis XIV.

On continue à suivre la rue Hardy, qui amène à l'**Eglise Saint-Louis**, cathédrale, construite de 1742 à 1754, par Jacques Hardouin-Mansart de Sagonne, neveu du grand Mansart. C'est une des rares églises de *style Louis XV* que l'on possède.

La Nef atteint 23 m. à la voûte; on y remarque le magnifique **orgue** de Clicquot (1761), restauré; à g. de la nef, *banc d'œuvre* du XVIIIe s. — Bas-côté dr. (4e chapelle) : **monument du duc de Berry** (assassiné par Louvel, en 1820), par **Pradier** (1824). — Sacristie : **Résurrection du fils de la veuve de Naïm**, beau tableau de **Jouvenet** (1708). — Pourtour du chœur : *confessionnaux* anciens, richement sculptés; 2e chapelle : tableau de *Saint-Louis*, en culotte de satin, par Le Moyne; 3e chapelle : **Prédication de St Jean**, par **Boucher** (dans le style de ses Bergeries). — Abside : *vitraux* de Déveria (XIXe s.). — Bas-côté g., 1re chapelle (en descendant) : **St Pierre sur les Eaux**, par **Boucher** (1764; aussi peu religieux que son autre tableau).

Sur la *place*, devant l'église, **fontaine** avec inscription en vers, par Pluyette (1766); en face de l'église, **statue de l'Abbé de l'Epée** (né à Versailles, 1712-1789; célèbre éducateur des sourds-muets).

On regagne, face à l'église Saint-Louis, la rue de l'Orangerie que l'on suit à g., jusqu'à la *rue de Satory* (1re à dr.). — La rue de Satory, par la *rue du Vieux-Versailles* (1re à g.) et la *rue du Jeu de Paume* (1re à dr.), amène au Jeu de Paume.

Le **Jeu de Paume** (t. les j. de 11 h. à 5 h. en été, à 4 h. en hiver, sauf le lundi) occupe une vaste salle datant de 1686 (ce jeu était fort en honneur sous la royauté), construite à l'usage du roi et de la cour.

Histoire. — Le 20 juin 1789, les députés du Tiers, qui tenaient leurs séances privées dans la salle des Menus-Plaisirs ou des Etats Généraux, et y avaient invité, le 17 juin, l'ordre du Clergé et celui de la Noblesse à se déclarer avec eux Assemblée Nationale, trouvèrent cette salle fermée par décision de Louis XVI. Ils se réunirent alors à la salle du Jeu de Paume où ils jurèrent, sous la présidence de Bailly, de « ne point se séparer qu'ils n'eussent donné une Constitution à la France ».

Visite. — La Salle a conservé ses anciens petits carreaux et les filets qui les protégeaient contre les balles du jeu de la paume. — Au mur du fond, tableau du **Serment du Jeu de Paume**, par **David** (copie en camaïeu de L.-O. Merson). — Au centre de la salle, **monument de Bailly** (statue par Saint-Marceaux). — Nombreux *bustes* des principaux députés du Tiers qui prêtèrent serment — **Vitrines** avec pièces historiques diverses (**masque de Mirabeau** après sa mort).

La suite de la rue du Jeu de Paume, puis la *rue de Gravelle*, à dr., ramènent à l'**Avenue de Sceaux**, que l'on suit à dr. pour y prendre bientôt l'*Avenue Thiers* à g., qui passe devant la *gare Rive-Gauche* et amène au nouvel **Hôtel de Ville** de Versailles, en pierres et briques, de pseudo-style Louis XIII, élevé en 1898-1900, par Legrand.

Cl. P. Gruyer.

Hôtel de Ville.

La façade principale de l'hôtel de ville donne sur l'**Avenue de Paris**, que l'on traverse en face de soi pour prendre la *rue Saint-Pierre*, bordée à dr. par la **Préfecture**, construite sous le 2e Empire et sans intérêt, à g. par le **Palais de Justice**, ancien hôtel du Grand-Veneur, construit par Mansart, auj. reconstruit et défiguré.

La rue Saint-Pierre amène à l'**Avenue de Saint-Cloud** (on y trouverait sur la dr., au n° 73, le **Lycée Hoche**, ancien couvent des Ursulines, 1769-1772; il possède une intéressante **chapelle**, construite par Mique, en style néo-romain; s'adr. au concierge, pourboire), que l'on traverse vers la g.

De l'autre côté de l'Avenue de Saint-Cloud, la *rue Duplessis* ramènerait directement à la gare Rive-Droite. — Il faut prendre, à g., la *rue Carnot*, qui conduit au **square** et à la **statue de Hoche** (1836). La *rue Hoche*, à dr., amène ensuite (au n° 17, librairie Bernard), à la *rue de la Paroisse*, où est l'église Notre-Dame.

L'**église Notre-Dame** fut construite par Mansart; Louis XIV en posa la première pierre, le 10 mars 1684. La façade en est lourde (au fronton, les *Armes de France*; le gros **cadran** est de 1763). L'abside de l'église a été refaite et modifiée en 1867.

NEF : *orgue* de 1686 et **chaire** sculptée par Caffieri, les mêmes que sous Louis XIV; le *maître-autel* est moderne (1867). — BAS-CÔTÉ DR. (chapelle près de la Sacristie) : *St Vincent de Paul*, par Restout (1739). — POURTOUR DU CHŒUR : *Assomption*, par Michel Corneille, qui ornait le maître-autel sous Louis XIV. — BAS-CÔTÉ G. (1re chapelle du bas) : *monument* enfermant le *cœur* de Hoche; *buste de Mansart* et plaque commémorative; *plaque* de marbre noir à la mémoire de *La Quintinie*, le créateur du Potager du Roi; *cénotaphe* (1788-1818) du *comte de Vergennes*, ministre de Louis XVI.

La rue de la Paroisse, à g. (en sortant de l'église), ramène à la rue Duplessis (**marché** au même emplacement que sous Louis XIII). On prend celle-ci vers la g. et on arrive au **Boulevard de la Reine**, planté en 1775 (ormes taillés ; 2 k. de long.), à l'angle duquel est une jolie **Caisse d'Epargne** moderne, en style Louis XIV. A l'angle de dr. est l'**Hospice civil**.

Coupant le boulevard de la Reine, on continue la rue Duplessis, qui amène à la *gare Rive-Droite*. — En poursuivant au delà de la gare, on trouverait un **square** avec **statue de Jean Houdon** (né à Versailles; 1741-1828), par Tony Noël.

TABLE MÉTHODIQUE

CARTES ET PLANS

INDEX ALPHABÉTIQUE

Château.

Parc.

Trianons.

La Ville.

975-11. — Coulommiers. Imp. Paul BRODARD. — 7-11.

B*

LUCHON

REINE DES PYRÉNÉES

50 000 VISITEURS PAR SAISON

Trains rapides et de luxe à 14 heures de Paris

« Luchon est la plus riche des stations sulfureuses sodiques. » (Ed. FILHOL).

« Luchon est la Reine des stations sulfurées. »
« Luchon est la plus forte des eaux sulfurées. » } (Prof. LANDOUZY).

Traitements divers : Diathèse rhumatismale et arthritique. — *Rhumatismes*. — Affections cutanées — Voies respiratoires. — **Humages** (Inhalation spéciale de Luchon). — Lymphatisme. — Syphilis.

ALLEZ GUERIR A LUCHON

CASINO DE 1er ORDRE

Tourisme. — Excursions variées. — Ascension de hauts sommets : Port de Venasque, alt. 2 417 m. — Pic de Sauvegarde, alt. 2738 m. — Pic Sacroux, 2678 m. — Pic de la Glère et lac de Gourgouttes, alt. 2323 m. — Tusse de Maupas, alt. 3110 m — Pic de la Fourcanade, alt 2882 m. — Pic Posets, alt. 3367 m. — Maladetta, pic de Néthou, alt. 3404 m GOLF. — SPORTS D'HIVER

LE NICE HAVRAIS

CRÉATION

DUFAYEL

SAINTE ADRESSE (LE HAVRE)

Habitable toute l'année

GRAND HOTEL DES RÉGATES

Confort moderne

CAFÉS, BRASSERIES, RESTAURANTS

à prix fixes et à la carte

TRAMWAYS conduisant en quelques minutes au Havre et aux environs

SUPERBE CLUB DES RÉGATES

Pour les familles

GRAND CASINO

CAOUTCHOUC DE VOYAGE
HYGIÈNE — CHIRURGIE

Maison Charbonnier
J. VECRIGNER, Succr

376, rue Saint-Honoré, Paris

Caoutchouc manufacturé anglais, français et américain. Chaussures américaines et gants, bottes de marais.

Vêtements imperméables, toile-caoutchouc. Tubs anglais ou bains portatifs, cuvettes pliantes, sacs à eau chaude, coussins et matelas à air et à eau pour malades et pour voyages. Urinaux. Bidets et bassins, etc. Atelier de réparation.

TÉLÉPHONE 241-67

CHOCOLAT

Chocolat Menier. (V. p. 151).

DENTIFRICE

Docteur Pierre. (Voir p. 49).

GLACIÈRE

Glacière Portative

J. **Schaller**, *4, rue François-Ponsard*, **Paris.** (Voir p. 50).

HOTELS

Grand Hôtel de l'Athénée

15, rue Scribe, Paris

Hôtel des Champs-Élysées

3 et 5, rue Balzac (angle de la rue Lord-Byron) — *Champs-Élysées*. Nouvellement construit avec tout le confort moderne. TÉLÉPHONE 574-77.
M. P. Santini, directeur

Hôtel du Chariot d'Or

39, rue de Turbigo, près du boulevard de Sébastopol. Entièrement transformé. Confort moderne. Chambres depuis 3 fr. Table d'hôte. Restaurant. Ascenseur. Lumière électrique. Chauffage central. — TÉLÉPHONE 1012-03. **Constantin**, Prre.

Hôtel Corneille, *5, rue Corneille*. Chambres de 3 à 6 fr. Restaurant. Lumière électrique. Bains. Douches. Calorifère. TÉLÉPHONE 810-80.

Agréé par le T. C. F.

Hôtel du Danube, *58, rue Jacob*, près les Tuileries et la gare d'Orsay. Maison de famille. Pension depuis 7 fr. Déjeuners, 2 fr. 50. Dîners, 3 fr. Salon. Bains. Électricité. Chauff. central. TÉLÉPHONE 733-71.
Teissèdre, propriétaire.

Gd Hôtel Européen

67, Rue Turbigo, Paris

(Voir, p. 50).

Hôtel Fénelon, *11, rue Férou* (près de Saint-Sulpice). Chambres de 2 à 8 fr.; au mois de 25 à 80 fr. Repas, 2 fr. 25 et 2 fr. 50. — Pension, 115 fr. — Confort moderne.

Hôtel Mondial

CITÉ BERGÈRE, 5 (Grands boulevards). Ascenseur. Chauffage central. Bains. Restaurant.
TÉLÉPHONE 221-32. Adr. télégr. : Hôtel-Mondial-Paris.

Mêmes Maisons:

Hôtel de Belgique et Hollande, *7, rue Trévise*. **Hôtel de la Cité Bergère**, *4, cité Bergère*.

HOTEL de la TRÉMOILLE

14, rue de la Trémoille

Champs-Élysées

(Voir p. 50).

Hôtel Vignon, *23, rue Vignon* (gare Saint-Lazare, Madeleine). Chambres depuis 3 fr. 50. Pension depuis 8 fr. Installation moderne. Chauffage central.

TÉLÉPHONE 317-10

INSTITUTIONS

COURS KAYSER CHARAVAY

4, Square Lamartine (*187, avenue Victor-Hugo*) et 3, avenue Montespan (*177, avenue Victor-Hugo*).

Préparation aux lycées, aux baccalauréats, aux Écoles du Gouvernement, session d'octobre.

Cours pour jeunes enfants, demi-pension, externat et internat fam. Cours de vacances.

École Albert-Le-Grand

E. LEMAIGRE, directeur
71, Rue Raynouard, Paris

Situation des plus hygiéniques.
Externat du *Lycée Janson*.
Préparation à tous les examens.
Education complète.
Vie de famille. TÉLÉPHONE 694-38.

INSTITUTION J.-B. DUMAS

23, Rue Oudinot, Paris

Directeur : A. SOLDÉ
Ingénieur des Arts et Manufactures

Préparation à l'Ecole Centrale des Arts et Manufactures, à l'Institut agronomique et aux Ecoles nationales d'agriculture; à l'Ecole des Hautes Etudes commerciales, Ecoles d'électricité, aux Baccalauréats.

INTERNAT, DEMI-PENSION ET EXTERNAT
Nombre limité de pensionnaires (en chambre)

JARDIN

Institut Rudy, 53, avenue d'Antin, Paris. 51e année. Cours et leçons. Langues, Lettres, Sciences, Musique, Chant, Peinture, Danse, Escrime, etc. 150 professeurs.

LANTERNES D'AUTOMOBILES

DENICH (A.), *144, rue Saint-Maur*, Paris. (Voir p. 50.)

MAISONS DE SANTÉ
ÉTABLISSEMENTS MÉDICAUX
HYDROTHÉRAPIQUES
ET GYMNASTIQUES

ÉTABLISSEMENT KELLER

MAISON DE SANTÉ

Hydrothéraphie, Electrothérapie
127, FAUB. ST-HONORÉ. TÉLÉPHONE 572-67

Dr **Taguet**, ancien interne des hôpitaux de Paris, et Dr **J. Keller**, Directeurs.

TRAITEMENT des MALADIES NERVEUSES et DIGESTIVES.

Entièrement restauré à neuf avec tout le confort moderne. — Situation au centre de Paris, près des Champs-Elysées.

PENSIONNAIRES ET EXTERNES

Ni aliénés ni contagieux.

Institut Physicothérapique, Paris

25, rue des Mathurins

ÉTABLISSEMENT MÉDICAL

Le plus complet du monde

Traitement des maladies chroniques et dites incurables à l'aide des agents les plus puissants de la physique moderne. — **Electricité**.

Static, high Freqency, electric light bath. **Hydropathy.** *Electric water bath, carbonic acide bath.* Radiant heat, Massage, exercise, X rays, Radium, **Mecanotherapy**. — Vibrotherapy. — *Docteur speaks english.*

Maison de santé

15, boulevard de la Madeleine

Maison d'Hydrothérapie & de Convalescence

6, boulevard du Château, 6

NEUILLY-sur-SEINE

Drs DEVAUX et René CHARPENTIER

MÉDECINS-DIRECTEURS

AFFECTIONS NERVEUSES. — MALADIES CHRONIQUES. — RÉGIMES. — CURES DE REPOS ET D'ISOLEMENT. — MORPHINOMANIE. — HYDROTHÉRAPIE. — ÉLECTROTHÉRAPIE. — INSTALLATION LUXUEUSE. — GRAND PARC.

TÉLÉPHONE 512.84

Dr R. SIBILLE ✠✻✠

Spécialiste, affections génito-urinaires, avarie, de 1 à 5 h. et 7 à 8 h. soir.

29, Rue de Londres, PARIS

PARAPLUIES, CANNES

DUGAS-GÉRARD, 30, rue de Mogador, Paris. Fabric. de cannes, cravaches, fouets, parapluies et ombrelles. Maison de confiance. Prix modérés.

Anciennement : *82, rue St-Lasare.*

PARFUMERIE

PARFUMERIE PINAUD

(*Voir page de garde à la fin du volume*)

PENSION DE FAMILLE

PENSION DE FAMILLE

12, Avenue Jules-Janin, ENTRÉE 12, rue de La Pompe, PARIS. — Situation très agréable, près le Bois de Boulogne. Confort moderne. Chauffage central. Electricité. Bains. Jardin. Nombreux moyens de communication.

PHARES D'AUTOMOBILES

DENICH (A.), *144, rue Saint-Maur,* Paris. (Voir p. 50.)

PHOTOGRAPHIE

(Appareils et fournitures pour la)

RICHARD (Jules), ✻.... **419-63**
R. Mélingue, 25; R. Lafayette, 7, et R. Halévy, 10

Télégr. : *Enregistreur-Paris*

Constructeur d'Instruments de Précision

Jumelle stéréoscopique dite

LE VÉRASCOPE

(Brev. S.G.D.G.)

donnant l'illusion de la réalité en vraie grandeur avec le relief et la véritable perspective.

LE GLYPHOSCOPE

(Breveté S.G.D.G.)

Nouvelle Jumelle stéréoscopique à **35** fr. à l'usage des débutants en photographie.

(*Voir page de garde au commencement du volume*).

PORTE-PLUME A RESERVOIR

Porte-plume à Réservoir

"SWAN"

106, rue de Richelieu, Paris
(*Voir page de garde à la fin du volume*)

PRODUITS PHARMACEUTIQUES

Coaltar saponiné
(*Voir page bleue au commencement du volume.*)

Fer Bravais. (Voir p. 149).

Lin Tarin; Pommade Fontaine; Savon Fontaine.
(Voir p. 49).

PHARMACIE CENTRALE DU NORD. (Voir page 149).

VÉRITABLES GRAINS DE SANTÉ DU Dr FRANCK *contre la constipation.* (Voir page de garde en tête du volume.)

POMMADE MOULIN

Guérit Dartres, Boutons, Rougeurs, Démangeaisons, Eczémas, Hémorroïdes. Fait repousser les Cheveux et les Cils. 2 fr. 30 le pot, *franco.*

Pharmacie MOULIN
30, rue Louis-le-Grand, PARIS

RESTAURANT

Le GRAND VATEL, Restaurant 275, *R. St-Honoré*, Paris. (V. p. 136).

TEA ROOMS LE GRAND VATEL

275, *rue St-Honoré*, Paris. Afternoon Tea. — Orchestre. (Voir page 136).

THERMOMÈTRES

Richard (Jules), ✻. (*Voir page de garde au commencement du volume.*)

VÉRASCOPE

RICHARD (Jules), ✻..... **419-63.**
R. Mélingue, 25; R. Lafayette, 7, et R. Halévy, 10

Constructeur d'Instruments de Précision

Le VÉRASCOPE (Brev. S.G.D.G.)

Le GLYPHOSCOPE (Br. S.G.D.G.)
Nouvelle Jumelle stéréoscopique à 35 fr.
à l'usage des débutants en photographie.
(*Voir page de garde au commencement du volume*).

VOYAGES

Agence Cook, *place de l'Opéra, 1, Paris.* (Voir p. 43).

Agence Lubin, *boul. Haussmann, 36, Paris.* (Voir p. 43).

Compagnie des Messageries Maritimes. (Voir p. 45).

Compagnie Générale Transatlantique. (Voir p. 47).

Compagnie de Navigation mixte. (Voir p. 46).

Compagnie Marseillaise de Navigation Fraissinet et Cie. (Voir p. 46).

Compagnie de Navigation Marocaine et Arménienne Paquet et Cie (Voir p. 47).

COMPTOIR NATIONAL D'ESCOMPTE

DE PARIS

Capital : 200 millions de francs entièrement versés

SIÈGE SOCIAL : RUE BERGÈRE, — SUCCURSALE : PLACE DE L'OPÉRA, 2, PARIS

Président du Conseil d'Administration :
M. ALEXIS ROSTAND, O. ✻
Vice-Président, Directeur : M. E. ULLMANN, O. ✻
Administrateur Directeur : M. P. BOYER, ✻

OPÉRATIONS DU COMPTOIR

Bons à échéance fixe, Escompte et Recouvrements. Escompte de Chèques, Achat et Vente de Monnaies étrangères, Lettres de Crédit, Ordres de Bourse, Avances sur Titres, Chèques, Traites, Envois de Fonds en Province et à l'Etranger, Souscriptions, Garde de Titres, Prêts hypothécaires maritimes, Garantie contre les Risques de remboursement au pair, Paiement de Coupons, etc.

AGENCES

40 Bureaux de quartiers dans Paris.	11 Agences dans les Colonies et pays de protectorat.
15 Bureaux de banlieue.	12 Agences à l'étranger.
160 Agences en province.	

BONS A ÉCHÉANCE FIXE

Intérêts payés sur les sommes déposées :

De 6 à 11 mois 1/2. .	1 1/2 0/0	Au delà de 2 ans et
De 1 an à 2 ans. . .	2 0/0	Jusqu'à 4 ans. . . 3 0/0

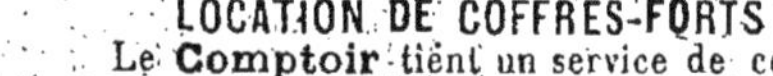

LOCATION DE COFFRES-FORTS

Le **Comptoir** tient un service de coffres-forts à la disposition du public : 14, *rue Bergère;* 2, *place de l'Opéra;* 147, *boulevard Saint-Germain;* 49, *avenue des Champs-Elysées,* et dans les principales Agences. — Une clef spéciale unique est remise à chaque locataire. La combinaison est faite et changée par le locataire à son gré. Le locataire peut seul ouvrir son coffre.

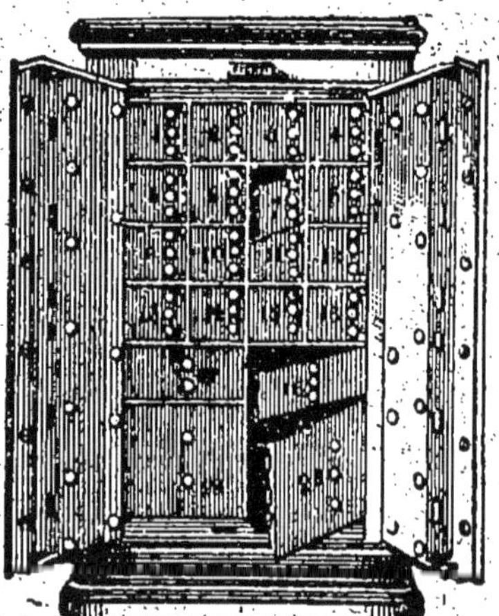

Garantie et sécurité absolues
Compartiments depuis 5 fr. par mois

VILLES D'EAUX

STATIONS ESTIVALES ET HIVERNALES

Le **Comptoir national** a des agences dans les principales *Villes d'Eaux* : Aix-en-Provence, Aix-les-Bains, Antibes, Bagnères-de-Luchon, Bayonne, Biarritz, Bourboule (La), Brest, Calais, Cannes, Châtel-Guyon, Cherbourg, Compiègne, Dax, Dieppe, Dunkerque, Enghien, Fontainebleau, Havre (Le), Hyères, Mont-Dore (Le), Nice, Pau, Rochelle (La), Saint-Germain-en-Laye, Saint-Malo, Saint-Nazaire, Trouville-Deauville, Vichy, Tunis, Saint-Sébastien, Monte-Carlo, Le Caire, Alexandrie (Egypte), etc. ; ces agences traitent toutes les opérations, comme le siège social et les autres agences, de sorte que les Etrangers, les Touristes, les Baigneurs peuvent continuer à s'occuper d'affaires pendant leur villégiature.

LETTRES DE CRÉDIT POUR VOYAGES

Le **Comptoir National d'Escompte** délivre des *lettres de Crédit* circulaires payables dans le monde entier auprès de ses agences et correspondants; ces lettres de crédit sont accompagnées d'un carnet d'identité et d'indications et offrent aux voyageurs les plus grandes commodités, en même temps qu'une sécurité incontestable.

Salons des Accrédités, Succursale, 2, place de l'Opéra

* Montdidier.
* Monte-Carlo.
* Montélimar.
* Montereau.
* Montluçon.
* Montpellier.
* Montreuil-s-M.
Montrichard.
Moret-s.-Loing.
Morez-du-Jura.
* Morlaix.
* Moulins.
Moutiers.
* Nancy.
* Nantes.
Nantua.
* Narbonne.
* Nemours.
* Nevers.
* Nice.
* Nimes.
* Niort.
* Nogent-l-Rotrou.
* Noyon.
Nuits-St-Georges
* Oloron-Sainte-Marie.
* Orléans.
* Orthez.
* Oyonnax.
* Pamiers.
* Parthenay.
* Pau.
* Périgueux.
* Péronne.
* Perpignan.
Pertuis.
* Pézenas.
Pithiviers.
* Poitiers.
Pons.
* Pont-à-Mousson
* Pont-Audemer.
Pont-de-Beauvoisin.
Pontivy.
Pont-l'Evêque.
* Pontoise.
* Provins.
* Puy (Le).
* Quesnoy (Le).
* Quimper.
Quimperlé.
* Redon.
* Reims.
* Remiremont.
* Rennes.
Rethel.
Revel.
* Riom.
Rive-de-Gier.
* Roanne.
* Rochefort-s-Mer
* Rochelle (La).
* Roche-sur-Yon (La).
* Rodez.
* Romans.
* Romilly-s-Seine.
* Romorantin.
* Roubaix.
* Rouen.
* Royan.
* Rueil
Ruffec.
Saint-Affrique.
* Saint-Amand.
* Saint-Brieuc.
* Saint-Chamond.
* Saint-Claude.
* Saint-Cloud.
* Saint-Dié.
* Saint-Dizier.
* Saint-Etienne.
Saint-Flour.
* Sainte-Foy-la-Grande.
* Saintes.
* Saint-Gaudens.
* Saint-Germain-en-Laye.
Saint-Girons.
* Saint-Jean-d'Angély.
* St-Jean-de-Luz
* Saint-Lô.
Saint-Loup-s.-Semouse.
* Saint-Malo.
* Saint-Nazaire.
* Saint-Omer.
* Saint-Quentin.
Saint-Remy-de-Provence.
Saint-Servan.
Salies-de-Béarn
Salins-du-Jura.
Salon.
Sancoins.
* Sarlat.
* Saumur.
* Sedan.
* Semur.
* Senlis.
Senones.
* Sens.
* Sézanne.
Sèvres.
* Soissons.
Souillac.
* Tarare.
* Tarascon.
* Tarbes.
* Terrasson.
* Thiers.
* Thizy.
* Thonon-l.-Bains.
* Thouars.
* Tonneins.
* Tonnerre.
* Toul.
* Toulon.
* Toulouse.
Tourcoing.
* Tournus.
* Tours.
* Troyes.
* Tulle.
Tullins.
* Uzès.
* Valence.
* Valence-d'Agen
* Valenciennes.
* Valognes.
Valréas.
Vals-les-Bains.
* Vannes.
* Vendôme.
Verneuil-s-Avre
* Vernon.
* Versailles.
Vervins.
* Vesoul.
* Vichy.
* Vienne.
Vierzon.
Villedieu-les-Poêles.
* Villefranche-de-Rouergue.
* Villefranche-s.-Saône.
* Villeneuve-s-Lot
* Villeneuve-s-Yonne.
* Villers-Cotterets
* Vitré.
* Voiron.
* Vouziers.
Yvetot.

AGENCES A L'ÉTRANGER

Londres, Old Broad Street, 53; Bureau de West End, 65, 67, Regent Street, et **St-Sébastien** (Espagne) 15, rue Miramar.

La **Société** a, en outre, **90 Succursales, Agences et Bureaux** à Paris et dans la Banlieue, **747 Bureaux auxiliaires** rattachés aux agences et des **Correspondants** sur toutes les places de France et de l'Etranger.

Corespondants en Belgique et Hollande : Société Française de Banque et de Dépôts, Bruxelles, 70, rue Royale ; — Anvers, 74, place de Meir ; — Ostende, avenue Léopold ; — Rotterdam, 103, Leuvehaven.

OPÉRATIONS de la SOCIÉTÉ GÉNÉRALE :

Dépôts de fonds à intérêts en compte ou à échéance fixe (taux des dépôts de 1 an à 2 ans, 2 0/0 ; de 4 ans à 5 ans, 3 0/0, net d'impôt et de timbre); **Ordres de Bourse** France et Etranger) ; **Souscriptions sans frais ; Vente aux guichets de valeurs livrées immédiatement** (obligations de chemins de fer, obligations et Bons à lots, etc.) **Escompte et Encaissement de coupons français et étrangers; Mise en règle de titres; Avances sur titres; Escompte et Encaissement d'effets de commerce ; Garde de titres ; Garantie contre le remboursement au pair** et les risques de non-vérification des tirages ; **Virements et chèques sur la France et l'Etranger ; Lettres de crédit et Billets de crédit circulaires ; Change de monnaies étrangères ; Assurances** (vie, incendie, accidents), etc.

Service de coffres-forts et de compartiments de coffres-forts : au Siège social, dans les succursales, et dans un très grand nombre d'agences de Paris et de Province, **depuis 5 fr. par mois** ; tarif décroissant en proportion de la durée et de la dimension. — **(Demander les notices spéciales** à tous les guichets de la Société.)

(*) Les agences marquées d'un astérisque sont pourvues d'un service de coffres-forts.

Type B*

CHEMINS DE FER

PARIS-LYON-MÉDITERRANÉE

L'HIVER A LA COTE D'AZUR

De PARIS à la COTE-D'AZUR en 13 heures

soit par le train extra-rapide de nuit qui part de Paris à 7 h. 20 du soir et arrive sur le Littoral le lendemain pour le déjeuner, soit par le train de jour *Côte-d'Azur rapide*.

Consulter les affiches ou les indications

FÊTES DE NICE

Fêtes de Noël et du Jour de l'an; Courses de Nice; Carnaval de Nice; Régates internationales de Cannes et de Nice et vacances de Pâques; des

BILLETS D'ALLER ET RETOUR DE 1re ET 2e CLASSES

délivrés pour **Cannes, Nice, Monaco, Monte-Carlo, Menton,** par les gares désignées ci-après :

Paris, Belfort, Vesoul, Besançon, Gray, Nevers, Is-sur-Tille, Dijon, Genève, Clermont-Ferrand, Saint-Etienne, Lyon (Perrache et Brotteaux), Grenoble, Valence, Avignon, Cette, Nîmes.

Les dates d'émission de ces billets sont annoncées au public par des affiches, quelques jours à l'avance.

La *validité* desdits billets est de 20 *jours* (dimanches et fêtes compris) à compter du jour du départ, avec faculté de prolongation de deux périodes de 10 jours, moyennant payement, pour chaque période, d'un supplément égal de 10 0/0 du prix du billet.

Les voyageurs peuvent s'arrêter, tant à l'aller qu'au retour, à deux gares de leur choix, à condition de faire viser leur billet dès l'arrivée à la gare d'arrêt.

STATIONS HIVERNALES

Nice, Cannes, Menton, Hyères, Saint-Raphaël, Grasse, etc.

Délivrés dans toutes les gares du réseau P.-L.-M.

1° — Billets d'aller et retour collectifs 1re, 2e et 3e classes

VALABLES 33 JOURS

Délivrés du **15 Octobre** au **15 Mai**, aux familles d'au moins trois personnes voyageant ensemble pour les stations hivernales suivantes : **Cassis, La Ciotat, St-Cyr-la-Cadière, Bandol, Ollioules-Sanary, La Seyne-Tamaris-sur-Mer, Toulon, Hyères** et toutes les gares situées entre **Saint-Raphaël-Valescure, Grasse, Nice** et **Menton** inclusivement. Minimum de parcours simple : 150 kilomètres.

2° — Billets d'aller et retour collectifs 2e et 3e classes

VALABLES JUSQU'AU 15 MAI

Délivrés du **1er Octobre** au **15 Novembre** aux familles composées d'au moins trois personnes voyageant ensemble pour **Cassis** et toutes les gares P.-L.-M. situées au delà. Le parcours simple doit être d'au moins 400 kilomètres.

Le coupon d'aller de ces billets n'est valable que du **1er Octobre** au **15 Novembre.**

Le prix des billets d'aller et retour collectifs indiqués ci-dessus s'obtient en ajoutant au prix de quatre billets simples ordinaires (pour les deux premières personnes), le prix d'un billet simple pour la troisième personne, la moitié de ce prix pour la quatrième et chacune des suivantes. — Arrêts facultatifs. — Demander les billets 4 jours au moins à l'avance, à la gare de départ.

Nota. — *Il est également délivré, dans les gares P.-L.-M., des billets d'aller et retour collectifs pour les stations hivernales des chemins de fer du sud de la France.*

Bains de Mer de la Méditerranée

Agay, Antibes, Bandol, Beaulieu, Cannes, Cassis, Cette, Golfe-Juan-Vallauris, Hyères, Juan-les-Pins, La Ciotat, La Seyne-Tamaris-sur-Mer, Le Grau du Roi, Menton, Monaco, Monte-Carlo, Montpellier, Nice, Ollioules-Sanary, Palavas, Saint-Cyr-La Cadière, Saint-Raphaël-Valescure, Toulon et Villefranche-sur-Mer.

BILLETS D'ALLER ET RETOUR

à prix très réduits

individuels ou collectifs de famille

DÉLIVRÉS DANS TOUTES LES GARES DU RÉSEAU P.-L.-M.

du 15 Mai au 1er Octobre

Validité : **33 jours**, avec faculté de prolongation (1).

1° Billets d'Aller et Retour individuels de Bains de Mer 1re, 2e et 3e classes

Minimum de parcours simple : 150 kilomètres.

Prix : Le prix des billets est calculé d'après la distance totale, aller et retour, résultant de l'itinéraire choisi et d'après un barème faisant ressortir des **réductions importantes.**

2° Billets d'Aller et Retour collectifs de Bains de Mer 1re, 2e et 3e classes pour Familles

Délivrés aux familles d'au moins deux personnes, voyageant ensemble

Minimum de parcours simple : 150 kilomètres.

Le prix s'obtient en ajoutant au prix de deux billets simples au tarif général (pour la première personne), le prix d'un billet simple pour la deuxième personne, la moitié de ce prix pour la troisième et chacune des suivantes.

Nota. — Les titulaires de billets de Bains de mer **collectifs** peuvent obtenir, conjointement avec ces billets ou sur la présentation de ceux-ci, **des cartes d'abonnement d'un mois avec 50 0/0 de réduction sur le prix des abonnements ordinaires pour un parcours d'au plus 100 kilomètres** comprenant la plage désignée sur le billet de bains de mer. Ces cartes d'abonnement peuvent être prises isolément par chacune des personnes nommément *désignées* sur le billet d'aller et retour collectif.

Arrêts facultatifs aux gares situées sur l'itinéraire

Demander les billets (individuels ou collectifs) quatre jours à l'avance à la gare de départ.

(1) La durée de validité peut être prolongée une ou plusieurs fois de 15 jours moyennant le payement, pour chaque prolongation, d'un supplément égal à 10 0/0 du prix du billet.

VILLES D'EAUX

DESSERVIES PAR LE RÉSEAU P.-L.-M.

Aix-les-Bains, Royat, Vichy, Évian-les-Bains, etc.

1° Billets d'aller et retour collectifs 1re, 2e et 3e classes
Valables 33 jours, avec faculté de prolongation

Délivrés, du **1er mai** au **15 octobre**, dans toutes les gares du réseau P.-L.-M., sous condition d'effectuer un parcours simple minimum de 150 kilomètres, aux familles d'au moins trois personnes voyageant ensemble.

PRIX : Ajouter au prix de quatre billets simples ordinaires (pour les deux premières personnes) le prix d'un billet simple pour la troisième personne, la moitié de ce prix pour la quatrième et chacune des suivantes.

2° Billets d'aller et retour individuels 1re, 2e et 3e classes
Valables **10** jours, avec faculté de prolongation

Délivrés, du 1er mai au 31 octobre, dans toutes les gares du réseau ; réduction : 25 0/0 en 1re classe, et 20 0/0 en 2e et 3e classes.

Arrêts facultatifs aux gares situées sur l'itinéraire

Demander les billets (collectifs ou individuels), quatre jours à l'avance, à la gare de départ.

Billets d'aller et retour collectifs

de Vacances à prix réduits

1re, 2e et 3e CLASSES

Délivrés, aux familles d'au moins trois personnes, de toutes gares P.-L.-M. à toutes gares P.-L.-M., sous condition d'effectuer un parcours simple minimun de 150 kilomètres ou de payer pour ce parcours :

1° Du jeudi qui précède la Fête des Rameaux, au Lundi de Pâques inclus.

Durée de validité : **33 jours** ; faculté de prolongation d'une ou plusieurs périodes de 15 jours, moyennant le payement, pour chaque prolongation, d'un supplément de 10 0/0 de la valeur du billet collectif.

2° Du 15 juin au 30 septembre. Validité : jusqu'au 5 novembre.

PRIX : Ajouter au prix de quatre billets simples (pour les deux premières personnes), le prix d'un billet simple pour la troisième personne, la moitié de ce prix pour la quatrième et chacune des suivantes.

Lorsqu'un billet de vacances comprend plus de trois voyageurs, trois d'entre eux au moins sont tenus de voyager ensemble à l'aller et au retour ; les autres ont la faculté, quand la demande du billet collectif en fait mention, de voyager isolément dans des conditions déterminées.

Arrêts facultatifs à toutes les gares de l'itinéraire.

Faire la demande de billets, quatre jours au moins à l'avance, à la gare de départ.

CHEMINS DE FER DE L'ÉTAT

VOYAGES A PRIX RÉDUITS

Sur les Lignes du Sud-Ouest

BAINS DE MER DE L'OCÉAN

Billets de Bains de mer, valables 33 jours (non compris le jour du départ), délivrés du jeudi précédant la Fête des Rameaux au 33 octobre

1° BILLETS DE BAINS DE MER

AU DÉPART DE PARIS

De **PARIS** (**Montparnasse St-Lazare ou Invalides**) ou de **PARIS** (**Quai d'Orsay, Pont St-Michel ou Austerlitz**) par toute voie État *via* Chartres et Saumur ou *via* Chartres et Chinon ou par Tours transit) aux gares ci-après et retour	PRIX ALLER ET RETOUR — Section I sans faculté d'arrêt aux gares intermédiaires			Section II § 1 Faculté d'arrêt entre CHARTRES ou TOURS et la station balnéaire		
	1re cl.	2e cl.	3e cl.	1re cl.	2e cl.	3e cl.
Royan	71 30	52 40	35 10	80 65	61 20	43 50
La Tremblade (Ronce-les-Bains)	74 25	54 20	39 »	83 80	63 30	45 55
Le Chapus	67 20	49 10	35 »	77 05	58 20	40 »
Le Chateau-Quai (île d'Oléron)	68 70	50 60	35 20	78 55	59 70	41 20
Marennes	66 25	48 35	34 50	76 10	57 50	39 45
Fouras	63 90	46 50	33 20	73 75	55 75	37 90
Chatelaillon	62 35	46 10	32 40	71 95	55 25	37 05
Angoulins-sur-Mer	61 80	45 70	32 15	71 35	54 75	36 70
La Rochelle (ville)	61 10	45 10	31 80	70 50	54 20	36 30
La Rochelle-Pallice (île de Ré)	61 95	45 75	32 20	71 50	54 95	36 80
L'Aiguillon-Port — *Via* Chantonnay-Transit	59 40	45 60	31 75	67 60	54 50	35 75
L'Aiguillon-Port — *Via* Luçon-Transit	61 35	45 95	32 25	70 40	55 95	36 65
La Tranche — *Via* Chantonnay-Transit	61 90	48 10	34 25	70 10	57 »	38 25
La Tranche — *Via* Luçon-Transit	63 85	48 45	34 75	72 90	58 45	39 15
Les Sables-d'Olonne	62 60	46 30	32 55	72 25	56 95	37 20
Saint-Hilaire-de-Riez (Sion)	64 30	46 10	32 40	71 20	56 70	37 05
Saint-Gilles-Croix-de-Vie (Sion)	64 55	46 55	32 70	74 50	57 30	37 35
De **PARIS-MONTPARNASSE, St-LAZARE** ou **INVALIDES** par Segré et Nantes-Etat transit, ou Angers St-Laud transit, et Nantes-Orléans transit, aux gares ci-après et retour.				§ 2 Faculté d'arrêt entre Sainte-Pazanne incl. et la station balnéaire.		
Challans (Ile de Noirmoutier, Ile d'Yeu, Saint-Jean-de-Monts)	63 35	44 65	31 35	71 35	50 65	35 35
Bourgneuf-en-Retz	58 50	42 90	30 10	66 50	48 90	34 10
Les Moutiers	58 50	43 30	30 40	66 50	49 30	34 40
La Bernerie	58 50	43 55	30 60	66 50	49 55	34 60
Pornic (1) (2)	58 80	44 30	31 15	66 80	50 30	35 15
Saint-Père-en-Retz	58 50	43 30	30 65	66 50	49 30	34 65
Paimbœuf (2)	59 05	43 30	30 80	67 05	49 30	34 80

2° BILLETS DE BAINS DE MER

AU DÉPART DES GARES AUTRES QUE PARIS, VALABLES 33 JOURS

non compris le jour du départ

Ces billets sont délivrés par toutes les gares, du réseau de l'État (Lignes du Sud-Ouest) (**Paris excepté**), pour toutes les stations balnéaires désignées ci-dessus. Ils comportent les mêmes réductions de prix que les billets d'aller et retour ordinaires et donnent le droit de s'arrêter aux gares intermédiaires

Dispositions spéciales au 1° et au 2°

Enfants. — Les enfants de 3 à 7 ans payent moitié du prix des billets de bains de mer.

Prolongation de la durée de validité. — La durée de validité peut être prolongée d'une ou deux périodes de 30 jours, moyennant un supplément de 10 0/0 par période

3° BILLETS DE BAINS DE MER

A VALIDITÉ RÉDUITE, SANS FACULTÉ DE PROLONGATION

A) **Billets de toutes classes valables pendant 5 jours, du vendredi de chaque semaine au mardi suivant, ou de l'avant-veille au surlendemain d'un jour férié.** — Leurs prix sont ceux des billets simples augmentés d'un dixième avec minimum de perception, par place, de 12 fr. en 1re classe, de 9 fr. en 2e classe et de 5 fr. en 3e classe.

B) **Billets de 2e et de 3e classes délivrés par toutes les gares du réseau de l'État (Lignes du Sud-Ouest), situées au sud de la Loire, valables un jour seulement le dimanche ou un jour férié.** — Leurs prix sont les deux tiers de ceux des billets de bains de mer de 33 jours, avec minimum de perception par place de 4 fr. en 2e classe et de 2 fr. 50 en 3e classe.

Pour les conditions d'utilisation des billets de bains de mer, voir les Tarifs G. V. nos 6 et 106

(1) Un service régulier de bateaux a vapeur est organisé entre Pornic et Noirmoutier pendant la période du 1er juillet au 30 septembre.

(2) Les stations de Pornic et Paimbœuf desservent les plages de Ste-Marie, La Plaine, Préfailles, Le Cormier, Tharon, St-Michel-Chef-Chef, Les Rochelets, St-Brévin-l'Océan et St-Brévin-les-Pins, par l'intermédiaire de la Cie du Chemin de fer d'intérêt local du Morbihan (Réseau de la Loire-Inf.)

VOYAGES A

Sur les Lignes de

Bains de mer de la Manche

Plage du **Tréport, Dieppe, Saint-Valéry-en-Caux, Fécamp, Etretat-Le Havre, Trouville-Deauville, Houlgate, Villers-sur-Mer, Courseulles, Barfleur, Cherbourg, Carteret, Granville, Saint-Malo, Dinard, Portrieux les-Bains, Saint-Quay, Saint-Cast, Paimpol, Tréguier, Perros-Guirec Roscoff, Brest, etc., etc.**

Billets d'aller et retour individuels dits de « *Bains de Mer* », délivrés du jeudi précédant la Fête des Rameaux au 31 octobre, valables selon la distance 3, 4 et 10 jours (1re et 2e classes) et 33 jours (1re, 2e et 3e classes).

Les billets de 33 jours peuvent être prolongés d'une ou deux périodes de 30 jours moyennant un supplément de 10 0/0 par période et donnent droit à un arrêt, à l'aller et au retour, à une gare au choix de l'itinéraire suivi.

Billets de Voyages circulaires

(1er mai au 31 octobre)

Billets circulaires valables UN MOIS et pouvant être prolongés d'un nouveau mois moyennant un supplément de 10 0/0.

ONZE ITINÉRAIRES différents dont les prix varient entre 50 et 115 francs en 1re classe entre 40 et 100 francs en 2e classe, **permettent de visiter les points les plus intéressants de la Normandie, de la Bretagne et l'Ile de Jersey.**

Excursion au Mont Saint-Michel

(Du jeudi précédant la fête des Rameaux au 31 octobre)

Billets d'aller et retour à prix réduits, de 1re, 2e et 3e classes, valables selon la distance, de 3 à 8 jours.

Excursion au Havre

(Juin à septembre)

Billets d'aller et retour à prix réduits de 1re, 2e et 3e classes, délivrés au départ de **PARIS** et de **ROUEN** (R. D.), avec trajet en bateau dans un sens entre **ROUEN** et le **HAVRE**.

Excursion à l'Ile de Jersey

Par Granville et Saint-Malo

—

Billets d'excursion à prix réduits, de 1re, 2e et 3e classes, délivrés toute l'année au départ de : **Paris, Rouen, Chartres, Le Mans et Angers.**

Par Carteret

—

Billets d'excursion à prix **réduits,** de 1re, 2e et 3e classes, délivrés de mai à octobre, au départ de : **Paris, Rouen, Le Havre, Caen, Cherbourg, Le Mans et Angers.**

Voyage Circulaire en Bretagne

Billets circulaires de 1re et de 2e classes, délivrés TOUTE L'ANNÉE avec billets d'aller et retour complémentaires à prix réduits, permettant de rejoindre et de quitter l'itinéraire.

ITINÉRAIRE. — Rennes, Saint-Malo-Saint-Servan, Dinard-Saint-Enogat, Dinan, Saint-Brieuc, Guingamp, Lannion, Morlaix, Roscoff, Brest, Quimper, Douarnenez, Pont-l'Abbé, Concarneau, Lorient, Auray, Quiberon, Vannes, Savenay, Le Croisic, Guérande, Saint-Nazaire, Pont-Château, Redon, Rennes.

DE L'ÉTAT

PRIX RÉDUITS

Normandie et de Bretagne

Excursions en Bretagne

Facilités accordées par cartes d'abonnement individuelles et de famille, valables pendant 33 jours.

ABONNEMENTS INDIVIDUELS

Il est délivré, du jeudi précédant la fête des Rameaux au 31 octobre, des cartes d'abonnement spéciales permettant de partir d'une gare quelconque (grandes lignes) Normandie et Bretagne pour une gare au choix des lignes désignées aux alinéas ci-dessous en s'arrêtant sur le parcours; de circuler ensuite, à son gré, pendant un mois, non seulement sur ces lignes, mais aussi sur tous leurs embranchements qui conduisent à la mer, et enfin, une fois l'excursion terminée, de revenir au point de départ avec les mêmes facilités d'arrêt qu'à l'aller.

Carte valable sur la côte nord de Bretagne : 1re classe, **100** fr.; 2e classe, **75** fr. — Parcours : Ligne de **Granville** à **Brest** (par **Folligny, Dol** et **Lamballe**) et les embranchements de cette ligne vers la mer.

Carte valable sur la côte sud de Bretagne : 1re classe, **100** fr.; 2e classe, **75** fr. — Parcours : Ligne du **Croisic** et de **Guérande** à **Châteaulin** et les embranchements de cette ligne vers la mer.

Carte valable sur les côtes nord et sud de Bretagne : 1re classe, **130** fr.; 2e classe, **95** fr. — Parcours : Lignes de **Granville** à **Brest** (par **Folligny, Dol** et **Lamballe**) et de **Brest** au **Croisic** et à **Guérande** et les embranchements de ces lignes vers la mer.

Carte valable sur les côtes nord et sud de Bretagne et lignes intérieures situées à l'ouest de celle de Saint-Malo à Redon : 1re classe, **150** fr.; 2e classe, **110** fr. — Parcours : Lignes de **Granville** à **Brest** (par **Folligny, Dol** et **Lamballe**) et de **Brest** au **Croisic** et à **Guérande** et les embranchements de ces lignes vers la mer, ainsi que les lignes de **Dol** à **Redon**, de **Messac** à **Ploërmel**, de **Lamballe** à **Rennes**, de **Dinan** à **Questembert**, de **Saint-Brieuc** à **Auray**, de **Loudéac** à **Carhaix**, de **Morlaix** et de **Guingamp** à **Rosporden.**

ABONNEMENTS DE FAMILLE

Toute personne qui souscrit, en même temps que l'abonnement qui lui est propre, un ou plusieurs autres abonnements de même nature en faveur des membres de sa famille ou domestiques habitant avec elle, bénéficie, pour ces cartes supplémentaires, de réductions variant entre **10** et **50 0/0**, suivant le nombre de cartes délivrées.

Paris à Londres

Via ROUEN, DIEPPE et NEWHAVEN, par la gare SAINT-LAZARE

Deux départs tous les jours et toute l'année, matin et soir (dimanches et fêtes compris)

Billets simples valables sept jours			Billets d'aller et retour valables un mois		
1re classe	2e classe	3e classe	1re classe	2e classe	3e classe
48 fr. 35	**35 fr. »**	**23 fr. 25**	**82 fr. 75**	**58 fr. 75**	**41 fr. 50**

Ces billets donnent le droit de s'arrêter, sans supplément de prix, à toutes les gares situées sur le parcours, ainsi qu'à Brighton

Nota. — Les trains du service de jour entre Paris et Dieppe et vice versa comportent des voitures de 1re et de 2e classes à couloir avec W.-C. et Toilette ainsi qu'un wagon-restaurant; ceux du service de nuit comportent des voitures à couloir des trois classes avec W.-C. et Toilette.

Une des voitures de 1re classe à couloir des trains de nuit comporte des compartiments à couchettes (supplément **5** francs par place). Les couchettes peuvent être retenues à l'avance aux gares de Paris et de Dieppe moyennant une surtaxe de **1** franc par couchette.

CHEMIN DE FER D'ORLÉANS

Billets d'Aller et Retour Collectifs de Famille

pour les Saisons de Printemps et d'Été

délivrés, aux familles d'au moins trois personnes, de toute station du réseau à toute station du réseau située à 125 kilomètres au moins du point de départ :

1° **Saison de Printemps** (1). — Du jeudi qui précède la fête des Rameaux au 25 juin. Validité : 33 jours. 2 prolongations facultatives de 15 jours moyennant supplément.

2° **Saison d'Été** (1). — Du 25 juin au 1er octobre. Validité jusqu'au 5 novembre.

Réduction des aller et retour pour les 3 premières personnes, de **50** 0/0 pour la 4e et de **75** 0/0 pour la 5e et les suivantes.

Faculté pour le chef de famille de rentrer isolément à son point de départ. Délivrance, à un ou plusieurs membres de la famille, de cartes d'identité permettant au titulaire de voyager isolément à 1/2 tarif entre le point de départ et le lieu de destination mentionnés sur le billet.

En outre, pour les billets de Saison d'Été, les membres de la famille au-dessus de 8 personnes ont la faculté d'effectuer isolément leur voyage à l'aller et au retour en acquittant, au guichet, le prix d'un billet militaire.

TOURAINE

Billets d'excursions en Touraine, aux Châteaux des Bords de la Loire et aux stations balnéaires de la ligne de Saint-Nazaire au Croisic et à Guérande.

2 itinéraires fixes. — 1er **Itinéraire** (validité 30 jours), 1re classe, **86** francs ; — 2e classe, **63** francs. — 2e **Itinéraire** (validité 15 jours), 1re classe, **54** francs ; — 2e classe, **41** francs. — Délivrance toute l'année.

Cartes d'excursions en Touraine, délivrées toute l'année, valables 15 jours avec faculté de prolongation et donnant droit : 1° à la libre circulation sur certaines lignes de la région de Touraine, 2° à un voyage aller et retour, avec arrêts facultatifs, entre la gare de départ et le point d'accès à la zone d'excursions.

Réduction de 10 à 50 0/0 pour les cartes de famille.

AUVERGNE

Billets d'aller et retour individuels pour les stations thermales délivrées du 1er juin au 30 septembre.

Billets d'excursion en Auvergne et dans le Limousin ; 3 itinéraires fixes, validité : 30 jours, délivrance du 1er juin au 30 septembre.

Cartes d'excursion en Auvergne, délivrées du 1er juin au 15 septembre, donnant droit à la libre circulation, sur une zone déterminée, ainsi qu'à un voyage aller et retour de la gare de départ à l'un des points de ladite zone.

Billets de voyages circulaires dans les Gorges du Tarn.

PYRÉNÉES ET GOLFE DE GASCOGNE

Billets d'aller et retour individuels pour les stations thermales, balnéaires et hivernales délivrés toute l'année de toutes les gares du réseau, valables 33 jours avec faculté de prolongation.

Billets d'aller et retour de famille pour les stations thermales, balnéaires, et hivernales délivrés toute l'année de toutes les stations du réseau, réduction de 20 à 40 0/0 suivant le nombre de personnes, validité 33 jours avec faculté de prolongation.

Billets d'excursion délivrés toute l'année au départ de Paris avec **3 itinéraires** différents via Bordeaux ou Toulouse, permettant de visiter Bordeaux, Arcachon, Dax, Bayonne, Biarritz, Pau, Lourdes, Luchon, etc., validité 30 jours avec faculté de prolongation ; prix : 2e itinéraire : 1re classe, **163** fr. **50** ; 2e classe, **122** fr. **50**. Prix : 1er et 3e itinéraires : 1re classe, **164** fr. **50** ; 2e classe, **123** fr.

Cartes d'excursions individuelles et de famille dans le centre de la France et les Pyrénées, **divisées en 5 zones**, délivrées au départ de Paris et des principales gares du réseau du 15 juin au 15 septembre et donnant aux voyageurs le droit de circuler à leur gré dans la zone de libre circulation choisie par eux, validité un mois avec faculté de prolongation.

Pour les billets de famille, la réduction varie suivant le nombre des personnes de 10 à 30 0/0.

NOTA. — Pour plus amples renseignements consulter le *Livret Guide Officiel* de la Compagnie d'Orléans adressé *franco* contre l'envoi de 0 fr. 50 à l'Administration Centrale du chemin de fer d'Orléans, 1, place Valhubert, à Paris, bureau du Trafic-Voyageurs (Publicité).

---

(1) La distance minima de 125 kilomètres est réduite à 60 kilomètres pour les billets à destination d'une station thermale ou balnéaire.

CHEMINS DE FER DU MIDI

Les voyageurs peuvent effectuer des voyages sur le réseau du Midi (notamment dans les Pyrénées et aux gorges du Tarn), au moyen d'une des combinaisons suivantes, comportant de notables réductions sur les prix ordinaires des places :

1° Billets d'aller et retour individuels et de famille, de toutes classes

A destination des stations thermales et balnéaires situées sur le réseau du Midi.

Durée (1) : 33 jours, à compter du jour de départ, ce jour compris.

2° Billets de voyages circulaires : Paris, centre de la France, Pyrénées, Provence et gorges du Tarn (de 1re et 2e classes)

Durée (1) : 20 jours pour les voyages intérieurs du Midi (G. V., 5) et 30 jours pour les voyages communs avec l'Orléans et le P.-L.-M. (G. V., 105). — En outre, il est délivré, sur les réseaux du Midi et d'Orléans, des billets spéciaux d'aller et retour à prix réduits, pour permettre aux voyageurs porteurs de billets de voyages circulaires de visiter des points situés en dehors du voyage circulaire, notamment Carcassonne. Le voyage circulaire Provence-Pyrénées a une durée de validité de 25 jours.

3° Billets d'aller et retour de famille pour les vacances

Durée (1) : 33 jours, à compter du jour de départ, ce jour compris.

4° Cartes d'excursions dans le centre de la France et les Pyrénées
donnant droit à la libre circulation dans les zones à explorer.

Ces cartes sont délivrées du 15 juin au 15 septembre, au départ de toutes les gares des réseaux du Midi et de l'Orléans.

Durée de validité : un mois avec faculté de prolongation moyennant supplément.

Il existe 5 zones d'excursions sur lesquelles le voyageur a droit à la *libre circulation*.

Les prix varient suivant le point de départ et la zone choisie. — Des réductions allant de 10 0/0 pour la 2e personne jusqu'à 50 0/0 pour la 6e et les suivantes sont consenties à toute personne qui souscrit en même temps plusieurs cartes de même nature en faveur des membres de sa famille (2).

5° Billets spéciaux d'aller et retour, de toutes classes, pour Lourdes

Délivrés au départ de toutes les gares des réseaux de l'État, du Nord, de l'Ouest, de l'Est, de P.-L.-M., d'Orléans, et dans toutes les gares du Midi situées à plus de 150 kilomètres de Lourdes. — Durée de validité variable suivant la longueur du parcours : 4 à 12 jours, non compris le jour du départ. Réduction de 20 0/0 à 40 0/0 suivant la classe et la distance parcourue (3).

AVIS. — *Le Livret-guide officiel illustré contenant une notice descriptive du réseau, des renseignements généraux sur les différentes combinaisons de voyages et l'horaire des trains est mis en vente au prix de 0 fr. 50 :* A. *au bureau commercial de la Compagnie, à Paris ;* B. *Dans les bibliothèques des gares du réseau du Midi.*

---

(1) Faculté de prolongation moyennant supplément de 10 p. 100.
(2) Consulter pour les détails le Tarif commun G. V., n° 106.
(3) Consulter pour les détails le Tarif commun G. V., n° 102.

CHEMIN DE FER DU NORD

PARIS-NORD A LONDRES

Via Calais ou Boulogne

Cinq services rapides quotidiens dans chaque sens — Voie la plus rapide

SERVICES OFFICIELS DE LA POSTE

(*Via Calais*)

La gare de Paris-Nord, située au centre des affaires, est le point de départ de tous les grands express européens pour l'Angleterre, la Belgique, la Hollande, le Danemark, la Suède, la Norvège, l'Allemagne, la Russie, la Chine, le Japon, l'Autriche, l'Orient, la Suisse, l'Italie, la Côte d'Azur, l'Égypte, les Indes et l'Australie.

SERVICES RAPIDES

ENTRE PARIS, LA BELGIQUE, LA HOLLANDE, L'ALLEMAGNE, LA RUSSIE, LE DANEMARK LA SUÈDE ET LA NORVÈGE

		Trajet en
6 express dans chaque sens entre	Paris et Bruxelles	3h 50
3 — —	Paris et Amsterdam	8 30
5 — —	Paris et Cologne	7 19
5 — —	Paris et Francfort-sur-Mein	12 »
4 — —	Paris et Hambourg	15 16
5 — —	Paris et Berlin	15 28
1 — —	Paris et St-Pétersbourg	51 »
Par le Nord-express, bihebdomadaire		46 »
1 express dans chaque sens entre	Paris et Moscou	60 »
Par le Nord-express, hebdomadaire		54 »
2 — —	Paris et Copenhague	26 »
2 — —	Paris et Stockholm	43 »
2 — —	Paris et Christiania	40 »

SAISON DES BAINS DE MER

Billets à prix réduits

Pendant la saison, du jeudi précédant la fête des Rameaux au 31 octobre, *toutes les gares du Chemin de fer du Nord* délivrent des billets de bains de mer de 1re, 2e et 3e classes, à destination des stations balnéaires suivantes : BERCK (station du chemin de fer d'intérêt local), *via* Montreuil-sur-Mer ou *via* Rang-du-Fliers-Verton, BOULOGNE-VILLE ou TINTELERIES (Le Portel), CALAIS-VILLE, CAYEUX (station du chemin de fer d'intérêt local), *via* Saint-Valery-sur-Somme, QUEND-FORT-MAHON, QUEND-PLAGE, FORT-MAHON-PLAGE, RANG-DU-FLIERS-VERTON (Plage de Merlimont), ROSENDAEL (Plage de Malo-les-Bains), CONCHIL-LE-TEMPLE (Fort-Mahon), DANNES-CAMIERS (plages Sainte-Cécile et Saint-Gabriel), DUNKERQUE (plages de Malo-les-Bains et Rosendael), ETAPLES, PARIS-PLAGE (station du chemin de fer électrique), *via* Etaples, EU (plages du Bourg-d'Ault et d'Onival), GRAVELINES (Petit-Fort-Philippe), GRYVELDE (Bray-Dunes), LE CROTOY (station du chemin de fer d'intérêt local), *via* Noyelles, LEFFRINCKOUCKE (MALO TERMINUS), LE TREPORT-MERS, LOON-PLAGE, MARQUISE-RINXENT (plage de Wissant), NOYELLES, SAINT-VALERY-SUR-SOMME, WIMILLE-WIMEREUX (plages de Wimereux, Audresselles et Ambleteuse), ZUYDCOOTE (Nord-Plage), PONT-DE-BRIQUES (Hardelot).

Il existe trois catégories de billets, savoir :

1° **Billets de saison** (1) de 1re, 2e et 3e classes, valables pendant 33 jours, non compris le jour de l'émission, avec facilité de prolongation pendant plusieurs périodes de 15 jours (2), sous condition d'effectuer un parcours minimum de 100 kilomètres aller et retour. Ces billets, créés pour les familles, sont *nominatifs et collectifs*. Il est accordé une *réduction de 50 0/0* à chaque membre de la famille en plus du troisième. Les billets dont il s'agit doivent être demandés au moins 4 jours à l'avance à la gare où le voyage doit être commencé.

2° **Billets hebdomadaires et carnets d'aller et retour** (1) de 1re, 2e et 3e classes. Les billets hebdomadaires sont valables pendant 5 jours, du vendredi au mardi et de l'avant-veille au surlendemain des fêtes légales. Ces billets et carnets sont individuels. Les prix varient selon la distance et présentent des *réductions de 25 à 40 0/0*. Les carnets contiennent 5 billets d'aller et retour et peuvent être utilisés à une date quelconque dans le délai de 33 jours, non compris le jour de distribution.

(*Voir notes, page suivante.*)

CHEMIN DE FER DU NORD *(Suite)*

3° **Billets d'excursion** (1) de 2° et 3° classes, les dimanches et jours de fêtes légales, valables pendant une journée. Ces billets sont individuels ou de famille. — Les prix réduits des billets individuels sont indiqués dans le tableau ci-dessous. — Pour les *familles* (ascendants et descendants), il est accordé une nouvelle réduction sur le prix des billets individuels d'excursion, allant de 5 à 25 0/0, selon que la famille se compose de 2, 3, 4, 5 personnes et plus.

Les billets de saison et les billets hebdomadaires sont valables dans les mêmes trains et aux mêmes conditions que les billets ordinaires du service intérieur.

Les billets d'excursion ne sont valables que dans des **trains spéciaux** *ou dans des* **trains du service ordinaire** *désignés à cet effet par la Compagnie.*

4° **Cartes d'abonnement** (1) de 1re, 2e et 3e classes, valables pendant 33 jours, et comportant une réduction de 20 0/0 sur le prix des abonnements ordinaires d'un mois. Ces cartes ne sont délivrées qu'à toute personne qui prend deux billets ordinaires au moins ou un billet de saison pour les membres de sa famille ou domestiques allant séjourner sous le même toit dans une station balnéaire désignée ci-dessous. Ces cartes ne sont valables que pour les points de départ et de destination sans arrêt en cours de route.

Les prix au départ de Paris, pour les trois catégories, sont les suivants :

Prix des billets (3) de saison, hebdomadaires et d'excursion

DE PARIS AUX STATIONS CI-DESSOUS	Billets de saison de famille VALABLES PENDANT 33 JOURS						BILLETS HEBDOMADAIRES			BILLETS d'excursion	
	Prix pour 3 personnes			Prix pour chaque personne en plus			Prix (**) par personne			Prix (*) par personne	
	1re cl.	2e cl.	3e cl.	1re cl.	2e cl.	3e cl.	1re cl.	2e cl.	3e cl.	2e cl.	3e cl.
Berck	149 40	101 40	66 30	25 60	17 45	11 45	31 »	24 15	17 »	11 15	7 35
Boulogne (ville)	170 70	115 20	75 »	28 45	19 20	12 50	34 »	25 70	18 90	11 10	7 30
Calais (ville)	198 30	133 80	87 30	33 05	22 30	14 55	37 90	29 »	21 85	12 35	8 10
Cayeux	137 55	93 60	61 20	24 »	16 45	10 80	29 30	23 05	15 95	11 »	7 25
Conchil-le-Temple (Fort-Mahon)	140 40	94 80	61 80	23 40	15 80	10 30	28 80	22 50	15 75	9 75	6 35
Dannes-Camiers	157 20	106 20	69 30	26 20	17 70	11 55	31 70	24 40	17 50	10 50	6 85
Dunkerque	204 90	138 30	90 30	34 15	23 05	15 05	38 85	29 95	22 60	12 50	8 20
Enghien-les-Bains	»	»	»	»	»	»	2 »	1 45	» 95	»	»
Etaples	152 40	102 90	67 20	25 40	17 15	11 20	30 90	23 95	17 »	10 35	6 75
Eu	120 90	81 60	53 10	20 15	13 60	8 85	25 40	20 10	13 70	8 85	5 75
Fort-Mahon (plage) (4)	141 30	96 60	64 20	24 15	16 70	11 30	29 50	23 35	16 65	10 80	7 75
Ghyvelde (Bray-Dunes)	213 »	143 70	93 60	35 50	23 95	15 60	39 95	31 15	23 40	12 50	8 20
Gravelines (Petit-Fort-Philippe)	204 90	138 30	90 30	34 15	23 05	15 05	38 85	29 95	22 60	12 50	8 20
Le Crotoy	131 25	89 10	58 20	22 60	15 40	10 10	27 90	21 95	15 15	10 25	6 75
Leffrinckoucke (Malo-Terminus)	209 10	141 »	92 10	34 85	23 50	15 35	39 40	30 55	23 05	12 50	8 20
Le Tréport-Mers	123 »	83 10	54 »	20 50	13 85	9 »	25 75	20 35	13 90	9 »	5 85
Loon-Plage	204 30	138 »	90 »	34 05	23 »	15 »	38 75	29 90	22 50	12 50	8 20
Marquise-Rinxent	182 10	123 »	80 10	30 35	20 50	13 35	35 60	26 80	20 05	11 75	7 70
Noyelles	126 90	85 80	55 80	21 15	14 30	9 30	26 45	20 85	14 35	9 15	5 95
Paris-Plage	156 »	105 90	70 20	26 60	18 15	12 20	32 10	24 95	18 »	11 35	7 75
Pierrefonds	66 »	44 40	29 10	11 »	7 40	4 85	15 40	11 50	7 60	»	»
Pont-de-Briques (Hardelot)	167 40	112 80	73 50	27 90	18 80	12 25	33 50	25 35	18 55	10 95	7 15
Quend-Fort-Mahon	137 70	93 »	60 60	22 95	15 50	10 10	28 30	22 15	15 45	9 60	6 25
Quend-Plage (4)	140 70	96 »	63 60	23 95	16 50	11 10	29 30	23 15	16 45	10 60	7 25
Rang-du-Fliers-Verton	145 20	98 10	63 90	24 20	16 35	10 65	29 60	23 05	16 20	10 05	6 55
Rosendaël (plage de Malo-les-Bains)	207 60	140 10	91 50	34 60	23 35	15 25	39 20	30 35	22 90	12 50	8 20
Saint-Amand	159 90	108 »	70 50	26 65	18 »	11 75	32 20	24 65	17 75	»	»
Saint-Amand-Thermal	163 20	110 10	72 »	27 20	18 35	12 »	32 80	24 95	18 10	»	»
Saint-Valery-sur-Somme	131 10	88 50	57 60	21 85	14 75	9 60	27 15	21 35	14 75	9 30	6 05
Serqueux (Forges-les-Eaux)	98 70	66 60	43 50	16 45	11 10	7 25	21 50	16 70	11 25	»	»
Wimille-Wimereux	174 60	117 90	76 80	29 10	19 65	12 80	34 55	26 10	19 30	11 25	7 40
Zuydcoote (Nord-Plage)	211 80	142 80	93 »	35 30	23 80	15 50	39 80	30 95	23 25	12 50	8 20

(*) Sur les prix afférents au parcours de la Compagnie du Nord, une nouvelle réduction de 5 à 25 0/0 est faite sur les billets de famille, selon que la famille est composée de 2 à 5 personnes et au delà.

(**) Des carnets individuels, contenant 5 billets hebdomadaires d'aller et retour, peuvent être utilisés à une date quelconque dans le délai de 33 jours, non compris le jour de distribution.

(1) Ces billets sont personnels et ne peuvent être vendus, sous peine de poursuites judiciaires.

(2) Cette prolongation est faite, au retour, par les soins de la gare de départ, avant l'expiration de la première période moyennant le supplément de 10 0/0 du prix total du billet.

(3) Ces prix ne comprennent pas les 0 fr. 10 de timbre pour les sommes supérieures à 10 francs.

(4) Les billets à destination de Fort-Mahon-Plage et de Quend-Plage ne sont délivrés que du 11 juin au 5 octobre, période pendant laquelle fonctionne le tramway. Avant et après cette période, la distribution et la prolongation restent limitées à Quend-Fort-Mahon.

CHEMINS DE FER DE L'EST

Services directs internationaux

Des trains rapides quotidiens assurent les services directs de la Compagnie de l'Est avec : **la Suisse**, *via* Belfort-Bâle, — **l'Italie**, *via* Belfort, Bâle et le St-Gothard, — **Le Luxembourg**, *via* Longwy, — **l'Allemagne**, *via* Pagny-sur-Moselle et Avricourt, — **l'Autriche-Hongrie** et **l'Europe Orientale**, *via* Avricourt-Strasbourg et *via* Belfort, Bâle, la Suisse et l'Arlberg.

Voyages internationaux à prix réduits, à itinéraires tracés par le voyageur

Les gares du réseau de l'Est délivrent toute l'année des livrets internationaux à coupons combinables, à prix réduits, permettant aux voyageurs de composer à leur gré un voyage circulaire ou d'aller et retour comportant des parcours en France, en Algérie, en Tunisie, en Corse, sur les lignes d'un grand nombre de Compagnies de navigation européennes, ainsi que sur la plupart des lignes des réseaux étrangers.

Parcours minimum, 600 kilomètres. — Durée de la validité des livrets : 60 jours jusqu'à 3000 kilom., 90 jours de 3001 à 5000 kilom. inclus, et 120 jours au-dessus de 5000 kilom.

Voyages circulaires à itinéraires fixes à prix réduits de France en Italie

Il est délivré pendant toute l'année, dans les gares du réseau de l'Est, des billets circulaires valables 60 jours, sans faculté de prolongation, permettant de se rendre en Italie par le St-Gothard et d'en revenir par le Mont-Cenis ou par Vintimille. Ces billets offrent de nombreuses combinaisons d'excursions sur les lignes italiennes.

Billets d'aller et retour de famille et Billets circulaires de saison, à prix réduits

I. **Billets d'aller et retour de famille.** — *a*) Pour les stations thermales situées sur le réseau de l'Est, pour Gérardmer (Vosges) et pour Givet (Vallée de la Meuse).

Délivrance des billets du 15 mai au 14 juin.

b) Pour toutes les stations du réseau de l'Est :

1° Du jeudi qui précède la fête des Rameaux au lundi de Pâques ;

2° Du 15 juin au 30 septembre ;

3° Du 15 au 31 décembre.

II. **Billets circulaires individuels ou de famille** pour excursions dans les Vosges, délivrés dans les gares du réseau de l'Est et au départ des réseaux de l'Etat, d'Orléans et du Nord, dans la période du 1er mai au 15 octobre.

Nota. — Pour tous autres renseignements, consulter le livret des Voyages circulaires, que la Compagnie de l'Est envoie gratuitement aux personnes qui en font la demande.

AVIS IMPORTANT

MM. les Voyageurs peuvent se procurer dans les gares et les librairies les Recueils suivants, publications officielles des chemins de fer, paraissant depuis plus de cinquante ans, avec le concours des Compagnies.

L'INDICATEUR-CHAIX. *Paraissant toutes les semaines*. Avec cartes. — Prix. . . . . 1 fr. 25

LIVRET-CHAIX CONTINENTAL. *Paraissant tous les mois*. Deux volumes :
Services français, avec cartes des réseaux. — Prix. . . . 2 fr. »
Services étrangers, avec une carte d'ensemble et onze cartes de régions. — Prix. . . . . 2 fr. 50

Livret spécial des chemins de fer de la Suisse. Avec carte. *Paraissant tous les mois*. — Prix. . . . . » fr. 50

LIVRET-CHAIX SPÉCIAL **des Chemins de fer Midi, Espagne, Portugal**. — Prix . . . . » fr. 50

LIVRET-CHAIX SPÉCIAL DE CHAQUE RÉSEAU
Paraissant tous les mois. Avec cartes.
Orléans, Midi; — **Nord**; — **Est**; — **Paris-Lyon-Méditerranée**. — Chaque livret. . . . . » fr. 50
État. — Prix . . . . » fr. 60

LIVRETS-CHAIX DES VOYAGES CIRCULAIRES
Avec cartes, plans et gravures.
État (*Normandie*, *Bretagne*, *Sud-Ouest*); — **Nord**; — **Est**. — Chaque livret. . . . . » fr. 30
Livret-Guide de la Cie Paris-Lyon-Méditerranée. — Prix. » fr. 50

LIVRET-CHAIX DE L'ALGÉRIE ET DE LA TUNISIE
Paraissant tous les mois. Avec une carte en deux coul. — Prix. » fr. 50

LIVRET-CHAIX DES ENVIRONS DE PARIS
Paraissant tous les mois. Avec cartes. — Prix . . . . » fr. 50

LIVRETS-CHAIX DE LA BANLIEUE
État, Est, Nord, Orléans, P.-L.-M. Avec cartes
Chaque livret. . . . . » fr. 20

LIVRET-CHAIX COLONIAL, publié sous le haut patronage du Ministère des Colonies, paraissant deux fois par an, avec cartes — Prix . . . . 2 fr. 50

LIVRETS-CHAIX DES RUES DE PARIS
(**Omnibus, Tramways et Théâtres**). Avec plan de Paris et plans numérotés des théâtres. — Prix . . . . 2 fr. »
Nomenclature des Rues de Paris, avec plan de Paris. — Prix, cartonné . . . . 1 fr. 25
Livret-Chaix des Omnibus, Tramways et Bateaux. . » fr. 30

AUX VOYAGEURS

MM. les Voyageurs consulteront très utilement, pour établir et suivre leur itinéraire, les **CARTES** *extraites du Grand Atlas Chaix des chemins de fer, qui se vendent séparément au prix de 3 et 4 fr. en feuilles. Ces cartes indiquent toutes les lignes en exploitation, en construction ou à construire. — Adresser les demandes à la Librairie Chaix, rue Bergère, 20, à Paris.*

NOUVEL ATLAS DES CHEMINS DE FER DE L'EUROPE

Bel album relié. — Prix : Paris, 50 fr.; Départements, franco, 55 fr.; Etranger, port en sus.

CARTE DES CHEMINS DE FER DE L'EUROPE au 1/2 400 000

(1 centimètre par 24 kilomètres), en quatre feuilles imprimées en deux couleurs. — Dimensions totales : 2 m. 15 sur 1 m. 55. — Prix : les quatre feuilles, 22 fr.; sur toile, avec étui, 32 fr.; montée sur gorge et rouleau, vernie, 36 fr. Port en sus pour la France, 1 fr. 50; Algérie, 3 fr.; à l'Etranger, port en sus.

CARTE DES CHEMINS DE FER DE LA FRANCE au 1/800 000

(1 centimètre pour 8 kilomètres), avec cartes de l'Algérie et des colonies, et les plans des principales villes de France, imprimée en huit couleurs sur quatre feuilles grand monde. — Dimensions totales : 2 m. 15 sur 1 m. 55. — Indiquant toutes les stations, avec tirage en couleur, spécial pour chaque réseau. — Prix : les quatre feuilles, 24 fr.; sur toile, avec étui, 34 fr.; montée sur gorge et rouleau, vernie, 38 fr. — Port en sus pour la France, 1 fr. 50; Algérie, 3 fr.; à l'Etranger, port en sus.

CARTE DES CHEMINS DE FER DE LA FRANCE et de la

NAVIGATION, à l'échelle de 1/1 200 000, imprimée en deux couleurs sur grand monde (1 m. 20 sur 0 m. 90). Cette carte, coloriée par réseaux, indique les lignes en construction, en exploitation, les lignes à voie unique et à double voie, toutes les stations, etc. Six cartouches contenant les cartes spéciales de Paris, Bordeaux, Lille, Lyon, Marseille et leurs environs, et la Corse complètent la carte. — Les cours d'eau sont imprimés en bleu. — Prix : en feuille, 6 fr.; collée sur toile dans un étui, 9 fr.; montée sur gorge et rouleau, 12 fr. Port en sus, 1 fr.

ANNUAIRE-CHAIX DES PRINCIPALES SOCIÉTÉS PAR ACTIONS

Contenant des renseignements d'une utilité pratique sur les Compagnies de chemins de fer, les Institutions de crédit, les Banques, les Sociétés minières, de transport, industrielles, les Compagnies d'assurances, etc. — Une notice spéciale est consacrée à chaque Société, indiquant les noms et adresses des administrateurs, directeurs et des principaux chefs de service, — les dispositions essentielles des statuts, — les titres en circulation, — le revenu et le cours moyen des titres pour l'exercice précédent, le cours du 2 novembre de l'exercice en cours ou, à défaut, le dernier cours coté précédemment, — les époques et lieux de payement des coupons, etc. — Une liste des agents de change de Paris et des départements et une autre des principaux banquiers de Paris, Lyon, Marseille, Bordeaux, Toulouse et Nantes, complètent le volume. — Un vol. in-18 de 660 p. — Prix : cart., 3 fr. 50; par poste, en plus, 50 c.

Cie Gle TRANSATLANTIQUE

PAQUEBOTS-POSTE FRANÇAIS

Siège social : 6, rue Auber, PARIS

AGENCES au **Havre**, à **Saint-Nazaire**, **Bordeaux**, **Marseille**, **Londres**, **New-York**, **Alger**, **Oran**, **Tunis**, etc., etc., dans tous les ports desservis par les paquebots de la Compagnie et dans les principales villes d'Europe, d'Amérique et aux Antilles.

Service postal à grande vitesse de *Paris-Havre* à *New-York*.
Départs du **Havre** *tous les samedis* et de **New-York** *tous les jeudis*.
Trains transatlantiques spéciaux entre PARIS-LE HAVRE et *vice versa*.

LIGNES DES ANTILLES

Départs mensuels : du **Havre**, de **Saint-Nazaire**, de **Bordeaux** pour les Antilles, les Guyanes, le Venezuela, la Colombie, le Mexique, le centre de l'Amérique et le Pacifique (*via* Colon).

LIGNES DE LA MÉDITERRANÉE

Départs réguliers de **Marseille** pour Alger, Oran, Bône, Philippeville, Bougie, Djidjelli, Collo, La Calle, Tabarka, Bizerte, Tunis, Malte, Sfax, Sousse.

Envoi franco des Livrets-Guides et Indicateurs détaillés
Adresser les demandes : **6, rue Auber, Paris**

Compagnie de Navigation Marocaine et Arménienne

N. PAQUET & Cie

MARSEILLE — 4, place Sadi-Carnot. — MARSEILLE

Services rapides directs entre **Marseille, Constantinople** et la **Mer Noire** et entre **Marseille, Gibraltar** et le **Maroc**

Services combinés avec le Chemin de fer

Billets directs pour **Paris** et **Londres**, s'adresser à :

PARIS. Pour Passagers à la **Société générale des Transports maritimes**, 8, rue Ménars (Rue du 4-Septembre).

— Pour Marchandises à **MM. F. Puthet et Cie**, 22, rue Albouy.

LYON : A **MM. F. Puthet et Cie**, 2, quai Saint-Clair.

LONDRES : **Bureau P. L. M.**, 179-180, Piccadilly.

II. — Annonces diverses provenant de PARIS

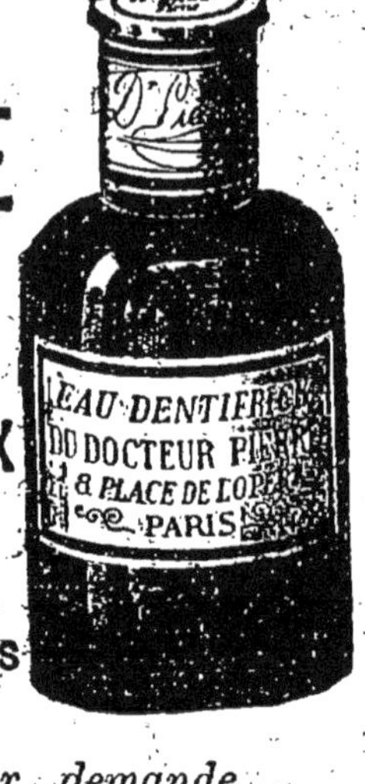

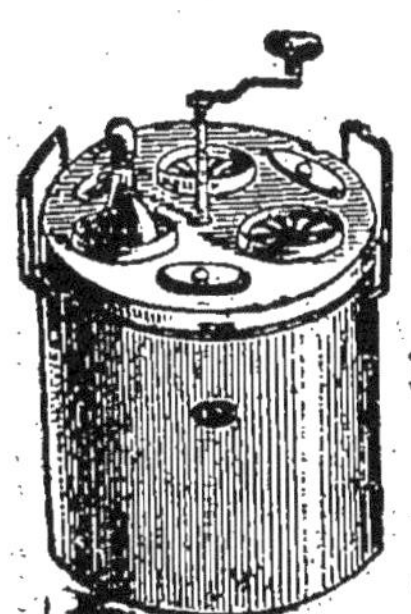

GLACIÈRE
DES CHATEAUX

BREVETÉE S. G. D. G.

La seule qu'on fasse fonctionner sous les yeux du public

Produit en 10 minutes de **500** gr. à **16** kg.
de **Glace**, ou des **Glaces**,
Sorbets etc., par un **sel inoffensif**

SE MÉFIER DES CONTREFAÇONS

J. SCHALLER **rue François-Ponsard, 1, Paris**
Prospectus franco

PHARES & Projecteurs

POUR
AUTOS

A. DENICH

144, rue Saint-Maur, 144
PARIS (XIe)
Envoi gratis du Catalogue No 11

Paris

HOTEL DE LA TRÉMOILLE

(Champs-Élysées)

150 chambres et Salons. — Ascenseurs. — Chauffage central. — Éclairage électrique. — Arrangements depuis 10 fr. par jour.
Grand Hôtel et Continental, à Ajaccio, même direction.
LAFOND, Propriétaire

Paris

GRAND HOTEL EUROPÉEN

67, RUE TURBIGO

Au centre de la ville. — Table d'hôte: Déjeuners, 3 fr.; dîners, 3 fr. 50, vin compris.— Chambre et pension depuis 8 fr. par jour.— Arrangement pour séjour prolongé. — **Chauffage à eau chaude.** — Salles de bains. — **Douches**. — Lumière électrique. — *English spoken.* — *Man spricht deutsch.* *Si parla italiano.* — *Parla Espanol.* — **Téléphone 1029-18.**

III

FRANCE

Classée par ordre alphabétique des localités

Agay, près Saint-Raphaël (Var)

GRAND HOTEL DES ROCHES ROUGES

Électricité. — Chauffage central. — 20 Salles de bains. — Ascenseur. Garages. — Automobiles. — Voitures. — Mulets pour excursions. — *Cuisine renommée.* — **BERTAUD**, **Directeur.**

AIX-LES-BAINS

RÉGINA

Gd HOTEL BERNASCON

A proximité de l'Établissement thermal
et des Casinos
MAGNIFIQUE VUE SUR LE LAC ET LA VALLÉE
Salle de bains à chaque appartement.
Magnifique villa privée dans le jardin.

J.-M. BERNASCON, Propriétaire

Aix-les-Bains

GRAND HOTEL D'AIX

GRAND HOTEL

A côté des Casinos et de l'Établissement thermal
TOUT LE CONFORT MODERNE

GUIBERT frères et GAUDIN, Propriétaires

Adresse télégr. : GRANOTEL, Aix-les-Bains. Téléph. 0.93

Aix-les-Bains

SPLENDIDE HOTEL ROYAL

Réputation universelle. — La meilleure position. — Grand parc avec tennis-courts. — Par excellence, la maison des familles. — Tout 1er ordre.

EXCELSIOR HOTEL, ouvert en 1906

Installation la plus perfectionnée. — Hôtel de luxe. — Cabinets de toilette et salle de bains attenant à chaque chambre.

G. ROSSIGNOLI, Propriétaire-Directeur.

Aix-les-Bains

HOTEL DU NORD ET DE Gde-BRETAGNE

En face le grand cercle et tout près de l'Etablissement thermal. — Prix spéciaux pour avril, mai, juin. — Arrangements pour familles et pour séjours. — Ascenseur. — Lumière électrique. — Calorifère.

LEJEUNE-SACONNEY, Directeur.

En hiver : Hôtel Richemont et Russie à Nice.

Aix-les-Bains

GRAND HOTEL BRISTOL

Près de l'Établissement Thermal et des Casinos. — Situation exceptionnelle dans un grand parc et en plein centre. — Appartements avec antichambres et cabinets de toilette — Salles de bains. — *Grandes terrasses ombragées.* — Lumière électrique. — Ascenseur. — Garage pour autos. **P. DESSUET, Propriétaire**

Aix-les-Bains

GRAND HOTEL DES BERGUES ET NEW-YORK

Avenue de la Gare en face des deux Casinos et près de l'Établissement thermal. — Installation nouvelle. — Grand confort moderne. — Lumière électrique générale. — Salle de bains. — Chauffage central. — Ascenseur. — Pension depuis 9 francs.

MILLIET et GARCIN, Propriétaires

Aix-les-Bains

HOTEL TERMINUS

Près de la gare. — Grand confortable. — Jardin ombragé. — Service par petites tables. — Cuisine de premier ordre. — Lumière électrique. — Arrangements sanitaires. — Ascenseur. — Pension depuis 8 fr. — Saison d'hiver : **Hôtel des Palmiers et Château de Plaisance à Monte-Carlo**

PIGNAT et DARPHIN, Propriétaires

Aix-les-Bains

HOTEL DE PARIS

Rue Daquin et place Carnot *à une minute des Thermes et près les Casinos.* — Confortable. — Cuisine très soignée. — Lumière électrique. — *Téléphone.* — Jardin. — Pension depuis 8 francs et arrangements pour familles. — *Omnibus gare.* — **CROIZÉ, Propriétaire.**

Aix-les-Bains

HOTEL RICHEMOND

Ancien hôtel Dussuel. — Près de l'établissement thermal. — Situation unique. — Nouvelle installation. — Lumière électrique. — Téléphone. — Arrangements pour familles. — Pension : *Chalet* et *Bains Romains*. — **G. BERGERAT, Propriétaire.**

Aix-les-Bains

GRANDE AGENCE

Location de villas et appartements meublés

Vente et achat de propriétés

Renseignements gratuits. — *Téléphone.* — *English spoken.*

A. BALOZET

ARCACHON

(GIRONDE)

STATION HIVERNALE ET ESTIVALE

Située à **une heure de Bordeaux, à huit heures de Paris,** cette station jouit d'un climat tempéré et régulier; c'est un des rares points du monde où, dans une même journée, on n'éprouve pas de changement brusque de température. Arcachon est par excellence la station des convalescents.

En hiver comme en été, Arcachon offre des ressources uniques, ses forêts, son bassin merveilleux qui est sans égal au point de vue des régates et du tourisme nautique, de la pêche, de la chasse aux oiseaux de mer, qui abondent toute l'année.

Deux fois par semaine, chasses municipales avec équipage de premier ordre. Tous les étrangers sont admis à suivre à cheval, sans redevance.

Chasse aux sangliers en toute saison. Deux casinos complètent les attractions de la station : Cercle nautique et des sports, bals, représentations, concerts, golf, lawn-tennis, etc. ; une mention spéciale pour le nouveau casino de la plage : d'une construction récente, c'est un palais moderne

Terrasse avec vue splendide sur la mer. La décoration magistrale et le confort de ce casino le placent au premier rang des établissements similaires.

Pour de *plus amples renseignements*, il convient de demander les brochures spéciales du *Syndicat d'initiative d'Arcachon*, qui les adresse *franco*.

Envoi franco de toutes brochures

Arcachon (GIRONDE) (*Suite*)

Mais on ne peut aller à **Arcachon** sans visiter **Bordeaux.** Cette ville offre aux touristes un très grand intérêt par son magnifique port, ses monuments de toutes les époques, si nombreux, si variés, ses musées remplis de toiles de grande valeur.

D'**Arcachon** à **Bordeaux**, on bénéficie par chemins de fer d'un tarif spécial très réduit.

La visite du département de la Gironde, organisée avec soin, révèle aux étrangers des richesses artistiques et historiques peu connues.

Il convient de s'adresser pour tous renseignements au *Syndicat d'initiative de Bordeaux* (Place de la Comédie).

Arcachon

GRAND HOTEL DES PINS ET CONTINENTAL

De tout premier ordre

Situation unique. — Grand jardin. — Salles de bains. — Calorifères. — Lumière électrique. — Ascenseur.

B. FERRAS, Propriétaire-Directeur

Arcachon

GRAND HOTEL DE FRANCE

Maison de premier ordre. — Sur la plage, près le casino. — Magnifique vue du bassin. — Confort moderne. — Appartements pour l'hiver au midi. — *Téléphone 132.* — Garage. — *Prix modérés.*

Gustave GRENIER, Propriétaire

Arcachon

Grand-Hôtel Régina Forêt et d'Angleterre

De tout premier ordre, confort moderne, situation exceptionnelle dans la Forêt de Pins, à 3 minutes de la Plage. — Grand parc. — Bains. — Billard. — Electricité. — Chauffage central. — Ascenseur. — Auto-garage avec fosse. — *Conditions spéciales pour séjour.* — *Omnibus à tous les trains.* — Prix modérés. — English spoken.

Téléphone : 0.88

ÉTÉ **Arcachon** HIVER

LE GRAND-HOTEL

Ouvert en juillet 1910. — Appartements complets. — Chambres avec salle de bains. — Eau chaude et froide dans toutes les chambres. — **Restaurant de tout premier ordre.** — *Installation moderne.*

A. PACHLER, Directeur.

Arcachon

HOTEL RESTAURANT JAMPY

Boulevard de la Plage, 268

DÉJEUNERS : **3** fr.; DINERS : **3** fr. **50** (*Vin compris*).

Pension du 1er octobre à fin juin : **8** francs, tout compris.

Pension du 1er juillet à fin septembre : **9** francs tout compris.

Arrangements pour séjour.— **L. CURAN**, Propriétaire.

Arcachon

VILLA RIQUET

Pension de famille ouverte toute l'année. — Magnifique situation en pleine forêt, près de l'église Notre-Dame. — *Hygiène parfaite.* — Confort moderne. — Cuisine très recommandée. — *Pension depuis 7 fr. par jour.* — Mme LANNELUC, Propriétaire.

Arcachon

VILLA PEYRONNET

Maison de famille. — *Promenade des Anglais.* — La plus belle situation de la forêt. — Plein midi. — Parc. — Cure d'air. — Salle de Bains. — Cuisine très soignée. — Pension depuis 8 fr. et arrangements pour familles. — *On refuse tous malades contagieux.* — Mme GONY, Prop.

Arcachon

VILLA L'AQUITAINE

Maison de famille. — Très belle situation entre plage et forêt, tout près de l'église Notre-Dame. — Garantie absolue qu'il n'est pas reçu de malades contagieux. — Cuisine très soignée. — Excellent vin. — Pension depuis 8 fr. et arrangements pour familles. — Ecrire au Direct. de l'Aquitaine.

Argelès-Gazost

GRAND HOTEL DU PARC ET D'ANGLETERRE

Installation nouvelle. — H. LASSUS, Propriétaire. — De tout premier ordre, situation unique dans le vaste parc des Thermes. — Vue incomparable des quatre façades sur la montagne. — Grands salons, fumoir, billard, terrasse, restaurant. — Salle de bains. — Eclairage électrique. — Chauffage central. — Téléphone 6. — Garage. — Prix modérés. — *Omnibus.*

Argelès-Gazost

HOTEL DE FRANCE

Ouvert toute l'année. — Vue merveilleuse des Pyrénées. — Premier ordre — Chauffage central. — Hydrothérapie. — Arrangements sanitaires. — Electricité. — Téléphone nº 4. — Lawn-Tennis et Golf, dépendant de l'hôtel. — J. PEYRAFITTE, Propriétaire.

Argelès-Gazost

HOTEL BEAU-SÉJOUR

Charmant hôtel près la gare, les établissements et le parc. — Grand jardin clos avec de magnifiques ombrages. — Garage gratuit. — Pension de 6 à 9 fr. 50. — Hors saison : Chambres et appartements avec ou sans cuisine. — *La meilleure cave des Pyrénées.*

CHEBARDY, Propriétaire

Bagnères-de-Bigorre

Grands Hôtels Victoria et d'Angleterre

La plus belle situation sur la promenade des Coustous

CONFORT MODERNE — ASCENSEUR

J. PÉREZ, Propriétaire

Bagnères-de-Bigorre

Grand Hôtel de France

OUVERT TOUTE L'ANNÉE

Éclairage électrique

Garage pour autos

Maison de 1er ordre

Entièrement restaurée

Près de l'établissement thermal et du casino. — Confort moderne. *Cuisine renommée.— Galerie promenoir.* — Téléphone n° 16.

V. Daniel STYLITE, Propriétaire

Bagnères-de-Bigorre

GRAND HOTEL BEAU-SÉJOUR

Place Lafayette et Allée des Coustous. — *Changement de propriétaire.* — Ouvert toute l'année. — Maison de premier ordre. — Cuisine et service très soignés. — Bonne cave. — Service par petites tables. — Terrasse. — Lumière électrique. — Garage. — Pension depuis 8 fr. par jour, petit déjeuner compris. — Arrangements pour familles. — Omnibus à tous les trains. — **Adrien PLANTÉ**, nouveau Propriétaire.

LUCHON

REINE DES PYRÉNÉES

50000 visiteurs par saison. — Trains rapides et de luxe, à 14 h. de Paris

« Luchon est la plus riche des stations sulfureuses sodiques. » (Ed. Filhol)

« Luchon est la Reine des stations sulfurées. Luchon est la plus forte des eaux sulfurées. » (Prof. Landouzy.)

Traitements divers : Diathèse rhumatismale et arthritique. — *Rhumatisme.* — Affections cutanées. — Voies respiratoires. **Humages** (Inhalation spéciale de Luchon). — Lymphatisme. — Syphilis. — **ALLEZ GUERIR A LUCHON.** — **Casino de premier ordre.** — *Tourisme.* — *Excursions variées.* — *Ascensions de hauts sommets* : Port de Venasque, alt. 2417 m. — Pic de Sauvegarde, alt. 2736 m. — Pic Sacroux, alt. 2678 m. — Pic de la Glère et lac de Gourgoutes, alt. 2323 m. — Tusse de Maupas, alt. 3110 m. — Pic de la Fourcanade, alt. 2882 m. — Pic Posets, alt. 3367 m. — Maladetta, pic de Néthou, alt. 3404 m. — **Golf.** — **Sports d'hiver.**

Bagnères-de-Luchon

GRAND HOTEL SACARON

DE TOUT PREMIER ORDRE. — *Entièrement transformé et agrandi*
Tout le confort moderne. — Ascenseur

DIRIGÉ PAR LA FAMILLE

Bagnères-de-Luchon

GRAND HOTEL BONNEMAISON

De tout premier ordre — Situation unique

Allées d'Etigny et place des Quinconces — Le plus proche des Thermes
GRAND CONFORT

Bagnères-de-Luchon

GRAND HOTEL DE LUCHON ET DU CASINO

De premier ordre. — **Ascenseurs.** — Electricité. — *Téléphone 26.* — **Adresse télégraphique** : *Casinotel-Luchon.* — Table d'hôte par petites tables sur la terrasse. — **La villa** Corneille, en face et dépendance de l'hôtel, est installée dans un grand parc ombragé avec le luxe moderne. — Salles de Bains et W.-C. dans les appartements. — **Cuisine** privée à la disposition des familles. — **A. PRAT, Propriétaire.**

Bagnères-de-Luchon

Grand Hôtel Richelieu, des Thermes et de Londres

De premier ordre. — Situation exceptionnelle en face des Thermes, du Parc, des Quinconces et à proximité du Casino. — Installation nouvelle avec tout le confort moderne. — Salles de bains. — Ascenseur électrique. — Garage. — Interprète — *Omnibus à tous les trains.*

A. GIROIX, Propriétaire

Bagnères-de-Luchon

GRAND HOTEL D'ANGLETERRE

De premier ordre. — Situation exceptionnelle allées d'Étigny. — *Près du Casino et de l'Etablissement.* — Appartements pour familles. — Beau parc. — Restaurant à la carte et à prix fixe. — *English spoken.* — *Se habla español.* — Omnibus. — Ouvert du 1er mai au 1er octobre.

SEGHIN, Propriétaire

Luchon

GRAND HOTEL DES BAINS

De premier ordre. — **Allées d'Étigny**, à 50 mètres des Thermes et des Quinconces. — **Clientèle d'élite.** — **Spécialement recommandé aux familles.** — Cuisine réputée. — Auto-garage.

MERENS-MIFFRE, Propriétaire

Luchon

Grand HOTEL de la POSTE et GOLF-HOTEL

Allées d'Étigny et avenue du Casino

Ouvert toute l'année. — Premier ordre. — Restaurant moderne. — *Chauffage central.* — Bains. — Garage pour 12 autos. — *Téléphone 40.*

PEYRAFITTE-SECAIL, Propriétaire

BIARRITZ

HOTEL DU PALAIS

Ex-Résidence Impériale

Ouvert toute l'année. — 100 appartements complets avec salle de bains et toilette, et 200 chambres de maîtres avec cabinets de toilette. — Dernier confort moderne

ASCENSEUR ET CHAUFFAGE CENTRAL

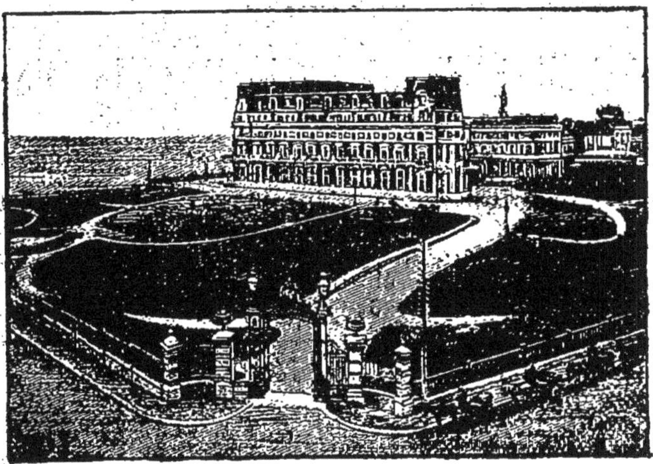

Lawn-tennis et salle d'enfants. — Parc de 26 000 mètres. — Magnifique hall et salle de restaurant. — Vue unique sur la mer. — Grande salle des fêtes et jardin d'hiver. — Salle de lecture et Salon impérial. — Orchestre renommé. — Salon de coiffure. **PATTARD**, *Directeur général.*

Même Direction qu'au Grand-Hôtel à Monte-Carlo

Biarritz

CARLTON HOTEL

Hôtel de premier ordre ouvert en 1910

Direction : H. RUHL

Biarritz

HOTEL CONTINENTAL

De premier ordre. — 200 chambres et salons sur la mer et au midi. — Téléphone. — Lumière électrique. — Salles de bains à chaque étage. — Chauffage central. — Ascenseur. — Garage pour autos. — Tennis. — Jardin. — *Prix modérés.* — **Paul PEYTA, Propriétaire.**

Biarritz

HOTEL RESTAURANT QUATRE SAISONS

Café Terminus à droite de la descente du B.A.B.
Vastes salles de restaurant et de café **séparées**. — Déjeuner 3 fr. Dîner, 4 fr., vin compris,
Cuisine très recommandée. — Arrangements pour familles et pour séjour

J. PLANTÉ, ex-chef de cuisine, propriétaire

Biarritz

THERMES SALINS DE BIARRITZ

Ouverts toute l'année — Chauffés pendant l'hiver

Traitement bromo-chloruré-sodique par les eaux salées naturelles les plus richement bromurées des eaux connues

EAUX MÈRES POUR BAINS ET COMPRESSES

Installation complète d'hydrothérapie par l'eau douce

INDICATIONS THÉRAPEUTIQUES

L'anémie, la **chlorose**, le **lymphatisme**, les **maladies osseuses**, les **maladies de croissance**; les **maladies des femmes** dans leurs modalités les plus variées. — L'**épuisement nerveux**, les **conséquences du surmenage** intellectuel, physique et mondain, la **neurasthénie**. — La **convalescence** des maladies graves et des grandes opérations chirurgicales.

Eaux mères en flacons, bonbonnes et fûts, pour bains chez soi. Ces bains sont stimulants et reconstituants à un très haut degré.

Eaux-mères pour compresses d'une grande puissance résolutive dans tous les engorgements.

DÉPÔTS A PARIS : Chez M. **Broise**, *boulevard des Italiens, 31.*

EN PROVINCE : *Chez les principaux Pharmaciens et Marchands d'eaux minérales.*

Pour tous renseignements, s'adresser au Directeur des Thermes.

Biarritz

HOTEL BIARRITZ-SALINS et des THERMES

Ce splendide établissement communique avec les Thermes salins par une passerelle couverte. Il est installé avec tout le confort moderne. — Appartements complets avec Bains et W.-C. — Ascenseur. — Chauffage central dans les chambres. — Jardins bien ombragés. — *Prix modérés.* — Téléphone 0.05. — **A. MOUSSIÈRE**, Propriétaire

---

Biarritz

HOTEL CARRÉ

et Maison Carrée. — Au Rond-Point, en face du jardin des Thermes salins. — Entièrement transformé et agrandi. — Dernier confort moderne. — Appartements complets pour familles, avec service particulier. — Tables d'hôte par petites tables. — Chauffage central. — Lumière électrique. — Bains. — Téléphone. — Ascenseur.

Henri VISPALY, Propriétaire.

Biarritz

AGENCE BARRÈRE

Près la nouvelle gare du Midi

Agence du Syndicat d'initiative du pays Basque. — *Location de villas et d'appartements de choix*, grandes et petites villas, grands et petits appartements meublés ou non. — *Ventes et achats de propriétés.* — Renseignements gratuits et toujours consciencieux. — *Adresse télégraphique :* AGENCE BARRÈRE, Biarritz. — *Tél.* 5.75.

Se habla espanol

Blois

GRAND HOTEL DU CHATEAU

avec accès direct sur le château historique

Maison entièrement remise à neuf. — Confort moderne — Chauffage central. — Salle de bains. — *Téléphone.* — Chambre noire. — Auto-garage avec fosse. — Cave et cuisine soignées. — *Omnibus à la gare.* — Voitures pour Chambord et les environs. — L. LECLERCQ, Propr.

Bordeaux

PRUNES D'ENTE J. FAU

Si vous voulez vous bien porter, ayez toujours sur votre table les excellentes prunes J. FAU.

Colis postaux de 3 à 10 kilogr., qualité extra-supérieure. Prix suivant grosseur du fruit.

Adresse télégraphique : Fau-Prunes-Bordeaux

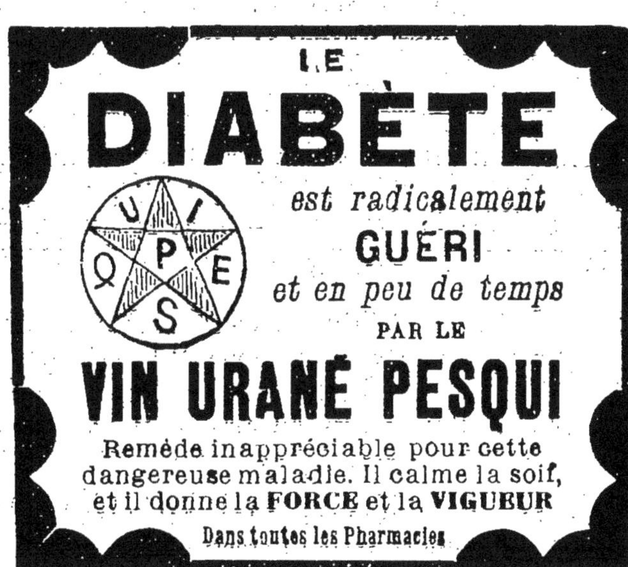

Bordeaux

HOTEL DE FRANCE

ET

Grand Hôtel

NOUVELLEMENT RESTAURÉ

CONFORT MODERNE

Appartements complets avec bains et toilette

Chauffage central

Bordeaux

Hotel des Princes et de la Paix et Richelieu

40, Cours du Chapeau-Rouge, 40

DE TOUT PREMIER ORDRE

Le mieux situé et le plus confortable

Cuisine très soignée. — Chauffage central à basse pression dans toutes les chambres. — Salons. — Fumoir. — Bibliothèque. — Bains. Ascenseur. — Éclairage électrique. — Coiffeur dans l'hôtel.

— *Téléphone* : **716** —

Bordeaux

GRAND HOTEL MÉTROPOLE
ET EXCELSIOR-HOTEL

Près du Grand Théâtre et des Quinconces.

— Ascenseur —

Auto-garage dans l'hôtel

La meilleure cuisine du Midi.

— Déjeuners, 4 francs —

Dîners, 5 francs.

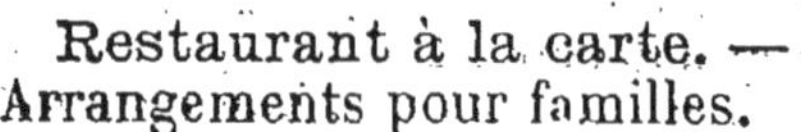

Restaurant à la carte. — Chambres de 4 à 15 fr. — Arrangements pour familles.

A. ROUHETTE, Propriétaire.

Bordeaux

GRAND HOTEL FRANÇAIS

Rue du Temple, 12 (Intendance)

Maison de famille, de construction récente. — 80 chambres très confortables de 2 fr. 50 à 6 fr. — Magnifique hall. — **Restaurant.** — Pension depuis 6, 7 et 8 fr. p. jour. — *Bains à tous les étages.* — **Téléphone.** — Eclairage électrique. — Chauffage à la vapeur. — *Interprète.*

AUPIN, Propriétaire-Directeur

Bordeaux

HOTEL DU PRINTEMPS

Restaurant. — En face de la cour d'arrivée de la gare St-Jean. — **Entièrement transformé.** — Chauffage central. — Electricité partout. — Chambres très confortables depuis 2 fr. — Salle de bains. — Déjeuner, 2 fr. 50; dîner, 3 fr. — Service à la carte et à toute heure. — Vins fins des meilleurs crus. — Salon de musique. — A proximité des lignes de tramways. — Transport des bagages gratuit à l'aller et au retour. — *Tél.* — **A. SAUVANT, Pr.**

Bordeaux

RÉGINA-HOTEL

Le plus confortable et le plus moderne de la gare Saint-Jean

Face à l'arrivée gare Saint-Jean. — Recommandé par le T.C.F., anglais, belge, suisse, espagnol, italien. — Chambres depuis 3 fr. — Pension depuis 9 fr. — *Cuisine de premier ordre.* — Cave recommandée. — Téléphone. — Ascenseur. — *Chauffage central.* — Bains. — Jardin d'hiver. — Jardin d'été. — Auto-garage. — *Interprètes en toutes langues.*

V. BOUEILH, Propriétaire

Bordeaux

HOTEL DU FAISAN

Restaurant. — En face de la cour d'arrivée de la gare Saint-Jean. — *Entièrement transformé.* — Chambres très confortables depuis 2 fr. — Déjeuner, 2 fr. 50; dîner, 3 fr. — Service à la carte et à toute heure. — Arrangements pour séjour. — Eclairage électrique. — Transport des bagages gratuit à l'aller et au retour. — Téléphone pour toute la France. Garage. — Fosse pour autos. — **HAU-GUILHEM et LAMBERT, Propriétaires.**

Bordeaux

JARDIN-RESTAURANT BEELI

10, rue Voltaire (Intendance).

Déjeuner : 2 fr. 25 (vin compris) Dîner : 2 fr. 25 (vin compris)

Les plus jolies salles de Bordeaux. — Service, cave et cuisine de premier ordre. — *Recommandé par le T. C. de France.*

Bordeaux

GRAND HOTEL DU CENTRE

RUE DU TEMPLE, 8 et 10 (Intendance). — Dans le plus beau quartier, près de la poste et les principaux théâtres. — Appartements très confortables et chambres de 2 fr. 50 à 6 fr., service et éclairage compris. — Service du petit déjeuner. — Electricité partout. — Chauffage central. — *Téléphone* 13.29.

Adresse télégraphique : *Hôtel-Centre Bordeaux.* **J. LOUSTAU, Propriétaire**

Bordeaux

HOTEL DES QUINCONCES ET DE FAMILLES

5, rue du Château-Trompette, 5, près le Grand Théâtre, les allées de Tourny et les Quinconces. — Electricité. — Salle de bains — *Etablissement recommandé aux familles et touristes.* — Chambres depuis 2 fr. 75. — Service irréprochable. — Tél. 24-56.

DARBON Émile, Propriétaire-Directeur

*Ex-directeur de l'*HOTEL DES QUINCONCES, *Bagnères-de-Luchon*

❀ LA BOURBOULE ❀

SOURCES CHOUSSY et PERRIÈRE

SAISON DU 25 MAI AU 1er OCTOBRE

Trois Établissements complets — Casino — Grand parc
CURE D'AIR. — *Anémie, lymphatisme, dermatoses, voies respiratoires, rhumatismes, diabète, paludisme.*

Transportées, les Eaux de La Bourboule se conservent indéfiniment
Siège social : rue Drouot, 29 (Envoi de notices franco)

La Bourboule

GRAND HOTEL DES ILES BRITANNIQUES

Premier ordre, à l'angle de l'Établissement thermal. — 150 chambres et salons — Fumoirs. — Grand jardin et salle de récréation pour les enfants. — **Garage et fosse pour automobiles.** — Conditions spéciales en juin et en septembre. — ***English spoken.*** — *Se habla español.* — Téléphone. — Ascenseur. — Eclairage électrique.

C. DONNEAUD, Propriétaire

Villa des Iles Britanniques — Appartements pour familles

La Bourboule

LE GRAND HOTEL ET HOTEL DE L'ÉTABLISSEMENT

E. CHEVALET, Propriétaire

Situation unique en face le casino entre les établissements. — 200 chambres et salons. — Salle de Bains. — 2 ascenseurs. — Garage. — Jardins. — Terrasses. — Tout le confort moderne. — Grand restaurant. Cuisine renommée. — Five o'clock tea room.

La Bourboule

GRAND HOTEL DE PARIS

TOUT PREMIER ORDRE

Ascenseur, Bains, Électricité, Téléphone
150 Chambres et Salons. — RESTAURANT
Villas, jardins, tennis, auto-garage pour 25 voitures, boxes, atelier de réparations.
25 mai — 30 septembre. **LEQUIME, propr.**

La Bourboule

SPLENDID HOTEL

CONFORT MODERNE — CHAUFFAGE CENTRAL

L. VATRON, propriétaire.

En Hiver : **Hôtel Lamartine, à Nice**

Cannes

HOTEL PRINCE DE GALLES

RIVIERA PALACE

Position incomparable. — Premier ordre.

H. Suzanne, Directeur

Cannes

HOTEL GONNET

BOULEVARD DE LA CROISETTE

Ouvert toute l'année. — Magnifiquement situé en face des îles de Lérins. — *Premier ordre.* — Grand jardin. — Arrangements pour séjour. — **F. DAUMAS, Propriétaire.**

Cannes

HOTEL BEAU-RIVAGE

Maison de premier ordre sur la Croisette.— Magnifique vue de mer. — Plein midi. — Jardin d'hiver. — Grand jardin. — Atrium. — Electricité. — **Téléphone.** — Ascenseur. — Interprètes.

HAINZL, Directeur

Cannes

HOTEL DES PINS

Premier ordre. — A proximité de l'église russe. — Abrité des vents par une forêt de pins. — Vaste jardin. — Téléphone. — Eclairage électrique. — Service spécial de voitures pour la promenade et la ville.

Cannes

HOTEL GRAY ET D'ALBION

Maison de tout premier ordre et d'ancienne renommée avec immense jardin au bord de la mer. — Confort moderne.
Lumière électrique. — Ascenseur. — Chauffage central.

J. FOLTZ, propriétaire.

Cannes

GRAND HOTEL DU PAVILLON

Premier ordre. — Tous les conforts. — Vue splendide. — Grand jardin. — Arrangements pour familles. — Pension. — Prix modérés. — **P. BORGO, Propriétaire.** — Même maison à Baveno. Lac Majeur. Ligne Simplon en été.

Cannes

HOTEL SUISSE

Entièrement meublé à neuf. — Situation centrale. — Plein midi. — Beau jardin abrité. — Ascenseur. — Lumière électrique. — Chauffage central. — Grandes chambres bien aérées. — Arrangements sanitaires. — Pension depuis 9 fr. — A. KELLER (Suisse), Propriétaire.

Cannes

SPLENDID HOTEL

Restaurant indépendant. — Cave renommée 1er ordre. — Sur la Croisette en face la jetée et le Casino. — Plein midi. — Vue superbe sur la mer et l'Esterel. — Entièrement remis à neuf. — Chauffage à eau chaude. — Ascenseur.— L'été : *Hôtel Villas Thévenin, Le Mont-Dore (Auvergne).*
E. THÉVENIN, Propriétaire

Cannes

SAVOY-HOTEL

Vue splendide sur le Golfe et les Iles de Lérins

PREMIER ORDRE
DERNIER CONFORT
Ascenseur. — Chauffage central
LAWN-TENNIS — TIR
Salle d'escrime. — Croquet
Auto-Garage
P. GILLES, Propriétaire

Cannes

HOTEL DE FRANCE

Ouvert d'octobre à juin

Plein midi. — A 10 min. de la mer. — Grand jardin. — Ascenseur hydraulique. — Eclairage électrique. — Salons. — Billard. — Salle de bains. — Appartements hauts et aérés. — Radiateur à eau chaude dans les chambres. — Pension depuis 9 fr. par jour.
En été : CENTRAL-HOTEL, à Vittel

Cannes

HOTEL DE PARIS

BOULEVARD D'ALSACE. — Entièrement remis à neuf.— Plein midi. — Chauffage central. — Electricité. — Grand jardin. — *Pension depuis 8 fr.* — Cuisine faite par le propriétaire. — *Maison spécialement recommandée.* — *L'été :* Hôtel de la Poste, à Vichy.
BAZIN WALSDORFF, Propriétaire

Cannes

HOTEL WINDSOR

A cinq minutes du centre de la ville. — Magnifique parc. — Plein midi. — Confort moderne avec chauffage à eau chaude dans toutes les chambres. — Ascenseur. — Lumière électrique — Arrangements spéciaux pour séjour. — Prix modérés. — *L'été* : Royal Hôtel, à Contrexéville. — LE GUEN, Propriétaire.

CAUTERETS

THERMES DE CAUTERETS

et de la Vallée de Saint-Savin

Grand Prix aux Expositions Internationales de Bordeaux, Rome, Madrid, Toulouse et Londres

Station thermale sans rivale, la plus riche en sources sulfureuses.

Six buvettes renommées : 38° c. à 58° c. aux Griffons.

Dix établissements de premier ordre pour bains, douches, massages, pulvérisations à pression naturelle.

Piscines à eaux minérales courantes, uniques en Europe.

Casino, théâtre, concerts de jour sur les promenades.

Théâtre de la Nature. — Sports d'hiver.

Saison du 1er mai au 1er novembre.

Exportation : La Raillère, César, Mauhourat.

Spécialité d'action : Maladies des voies respiratoires, du nez et des oreilles, gastrite, gastralgie, rhumatisme, lymphatisme, neurasthénie, etc.

La station thermale de Cauterets doit sa grande et ancienne réputation à l'efficacité de ses eaux en boissons et en gargarismes, à leur action tonique et reconstituante.

Cauterets, jolie ville ensoleillée, avec ses beaux hôtels, ses dix établissements thermaux, son casino, son théâtre et ses superbes promenades, est située au fond d'une gorge étroite à 10 kil. de Pierrefitte. La route qui y conduit est des plus pittoresques; on la parcourt dans un tramway électrique élégant et commode, qui ne laisse en perdre aucune des beautés, et dont le trajet se fait en 45 minutes.

Aux améliorations réalisées pendant les années précédentes; au tramway électrique de Cauterets à la Raillère, inauguré en 1897, à la restauration du Casino, en 1898, se sont ajoutés l'embellissement de l'Esplanade des Œufs, déjà pourvue d'un promenoir couvert en 1897, la création du boulevard des Néothermes, l'agrandissement de l'établissement du Bois, l'aménagement de la buvette de Mauhourat dans un pavillon confortable et spacieux, etc.

Pour tous renseignements, s'adresser au directeur de l'Exploitation, à Cauterets, Thermes des Œufs.

Cauterets

GRAND HOTEL DU BOULEVARD
ET HOTEL DE RUSSIE

Appartements et chambres avec tout le confort moderne. — Table d'hôte. — Restaurant. — Cuisine très soignée. — Jardin couvert. — Téléphone 12. — Pension depuis 9 fr. sauf le mois d'août. — Arrangements pour familles. P. MÈCHE, Propriétaire.

Cauterets

PENSION SAINTE-CÉCILE
BOULEVARD LATAPIE-FLURIN

Dans le plus beau quartier de la ville, près l'Esplanade et des Sources — Appartements et chambres confortables. — Electricité. — Cuisine très soignée. — Pension depuis 7 fr.

CASTAYBERT, Propriétaire

Cette

TERMINUS HOTEL
Restaurant des Gourmets

Le plus près des gares du Midi et du P.-L.-M. — Excellente maison. — Installation confortable et moderne. — Chambres Touring-Club. — Cuisine très soignée. — Prix depuis 7 fr. 50 par jour. — Téléphone 3.46. — Omnibus à tous les trains. Henri RAYMOND, Propriétaire

---

Challes-les-Eaux

GRAND HOTEL CHATEAUBRIAND

De premier ordre. — Construit en 1897, agrandi en 1902. — Merveilleusement situé au levant. — Vue superbe sur le Nivolet, Saint-Michel et les Alpes. — Très recommandé pour sa situation, son grand confortable et son installation hygiénique perfectionnée. — *Bains.* — Electricité. — Tennis. — Garage et fosse. — Villas séparées. — Arrangements pour familles et pour séjour. — *Prix modérés.* — Omnibus à Chambéry. — **Arrêt du tramway.**

Chambéry (Savoie)

Le Grand Hôtel de France

Maximum de confort à Chambéry

Chambéry

GRAND HOTEL DE LA PAIX ET TERMINUS

En face de la gare. — De 1er ordre. — Appartements avec cabinet toilette, eau chaude et froide. — Chauffage. — Bains. — Electricité. — Téléphone 1-18. — Ascenseur.

LEBRUN, Propriétaire

Châtel-Guyon-les-Bains

HOTEL-VILLA DE BOURGOGNE

Avenue Baraduc. — Premier ordre. — Situation centrale. — Pension de famille depuis 8 fr. — Régime rigoureusement observé. — Table d'hôte et service par petites tables. — Salon de lecture. — Fumoir. — Chambre noire. — Garage. — Jardin. — Jeux divers. **HABERT-DUBUET, Propriétaire.**

Châtel-Guyon

PRINTANIA HOTEL

Vue splendide. — Cure d'air. — A proximité du Parc. — Service par petites tables et *tables de régime.* — Cuisine très soignée. — Bains. — Electricité. — Téléphone. — Jardin. — Pension depuis 7 fr.

BRANDIBAS, ROCHE. Propriétaires

Châtel-Guyon-les-Bains

HOTEL-VILLA BON ACCUEIL

AVENUE BARADUC, près les thermes. — Maison confortable. — Cuisine soignée. — *Service par petites tables de régime.* — Electricité. — Téléphone. — Jardin. — Pension depuis 7 fr. et arrangements pour familles. — **Mme FOULTIER-VINCENT, Propriétaire.**

Cherbourg

HOTELS DE FRANCE ET DU COMMERCE RÉUNIS

41, RUE DU BASSIN. — **Le plus important de la région.** — A proximité du port et des transatlantiques. — T. C. F. — Confort moderne. — A. C. F. — Salons de famille. — Salle de fêtes de 150 couverts. — Bains dans l'hôtel. — *Omnibus à tous les trains.* — Eclairage électrique. — *Téléphone n° 24.* — *English spoken.* — *Man spricht deutsch.*

Clermont-Ferrand

HOTEL DU MIDI

En face de la gare. — Entièrement restauré. — Confort moderne. — Restaurant. — Déjeuner, 2 fr. 50 et 3 fr. — Dîner mêmes prix à la carte. — Chambres confortables de 2 à 4 fr. — Pension depuis 7 fr. 50, petit déjeuner du matin compris. — Transport des bagages gratuit. — **CORNEAU, Propriétaire.**

Clermont-Ferrand

Pâtes d'Abricots, Fruits confits d'Auvergne

Maison GAILLARD — **NOËL PRUNIÈRE.** — Médaille d'or, Diplôme d'honneur, Hors concours. — **Brevets d'invention.** — Pralines Salneuve de Randan. — *Expéditions pour tous pays.* — *Succursales :* La Bourboule, sous l'Hôtel Richelieu; Le Mont-Dore, sur le Parc et en face le Casino; Saint-Nectaire, près la Poste.

CONTREXÉVILLE-PAVILLON

ABSOLUMENT INDIQUÉE

Régime des GOUTTEUX, GRAVELEUX, ARTHRITIQUES

CONTREXÉVILLE-PAVILLON

SAISON OUVERTE du 20 MAI au 20 SEPTEMBRE

BAINS, DOUCHES, MASSAGE. Mécanothérapie, Électrothérapie — Bains de Lumière, etc.

GRAND HOTEL de l'ÉTABLISSEMENT (1er ORDRE)

CONTREXÉVILLE-PAVILLON

EAU DE TABLE PAR EXCELLENCE

des Arthritiques et Rhumatisants

(LANDES) **DAX** (LANDES)

STATION THERMALE & SALINE D'HIVER & D'ÉTÉ

CLIMAT TEMPÉRÉ ET SÉDATIF

SUR LA GRANDE LIGNE DE PARIS A MADRID

Desservi par les trains Express, Rapides de luxe, Wagons-Lits

A 10 heures de Paris

A 1 h. de Biarritz et de Pau, à 1 h. 1/2 de Lourdes, à 2 h. de Bordeaux.

(Voir page de garde au commencement du volume.)

Dax

GRAND HOTEL DE LA PAIX ET THERMES ROMAINS

Au centre de la ville, près de la Fontaine-Claude, des Thermes salins et du Casino. — Chambres et appartements confortables pour familles et touristes.— Cuisine très soignée. — Pension, petit déjeuner du matin, vin, service, tout compris, depuis 8 fr. par jour.— Arrangements pour familles. — Vve **BARBE**, Propriétaire.

Dieppe

GRAND HOTEL

SUR LA PLAGE. — Maison de premier ordre. — Ascenseur. — *Téléphone 1-64.* — Electricité. — Bains dans l'hôtel. — 150 chambres, salon, salle à manger et terrasse dominant la mer. — Garage pour automobiles. — A.C.F. — Ateliers de réparations.

G. DUCOUDERT, Propriétaire

Dieppe

HOTEL BEAU-RIVAGE

La plus belle situation sur la plage, près la gare maritime et le Casino. — Recommandé pour son installation très moderne et son confortable. — Electricité dans toutes les chambres. — *English spoken.* — Prix modérés. — *Interprète et omnibus à tous les trains.*

C. VAN RYSSELBERGE, Propriétaire

Dieppe

HOTEL DU CHARIOT D'OR

Rue de la Barre, près du Casino

Ouvert toute l'année. — Confortable. — Installations sanitaires. — Electricité dans toutes les chambres. — Déjeuner, 2 fr. 50. — Dîner, 3 fr. 50 avec cidre. — Pension depuis 9 fr. par jour. — Arrangements pour familles. — *Téléphone : 2-07.*

Dieppe

HOTEL DES VOYAGEURS

Près de l'Hôtel de Ville et du Casino. — *Ouvert toute l'année.* — Annexe du 15 juin au 15 septembre : **HOTEL DU CASINO ET DU CYCLE** (même rue). — Journée 7 fr. 50 avec cidre et 8 fr. 50 avec vin. — Aucune surprise.

AIMÉ DAUMAS, Propriétaire.

Dijon

HOTEL DE LA CLOCHE

Place Darcy

150 chambres et salons
Ascenseur
Chauffage central

Bains
Lumière électrique
Garage et fosse

L. GORGES, Propriétaire, *successeur de E. GOISSET*

Dinan

HOTEL DE BRETAGNE

Place Duclos. — Grande terrasse. — Café. — Restaurant. — Cave et cuisine réputées. — Table d'hôte. — Auto-garage. — Salle de bains. — Douches. — Arrangements spéciaux pour pension. — *Téléphone 2-15.* — INTERPRÈTES.

Fontainebleau

HOTEL LAUNOY

Maison de famille de 1er ordre, très en réputation et très recommandée. — Clientèle d'élite. — Vue sur la façade principale du château. — *Appartements très confortables.* — Vastes salons. — Billard. — Grand jardin ombragé. — Eclairage électrique. — Garage avec fosse. — Déjeuner, 3 fr. 50; dîner, 4 fr. 50. — **Pension depuis 10 fr. par jour.** — Omnibus gare. — Point terminus du tramway électrique. — **LAUNOY, Propriétaire.**

Gavarnie (HAUTES-PYRÉNÉES) *Altitude 1 300 mètres*

GRAND HOTEL DE VIGNEMALE

Hôtel des Voyageurs. — Restaurant du Point de Vue de la Cascade

M. P. VERGEZ-BELLOU

Granville

GRAND HOTEL

De premier ordre, très recommandé. — Situation centrale, près de la plage. — Magnifique vue de mer. — Cuisine très soignée. — Garage et fosse. — Depuis 8 fr. 50, vin compris. — Omnibus gare et bateaux. — **A. PASQUIER, Propriétaire.**

Grasse

GRAND HOTEL VICTORIA

Entièrement neuf. — *Premier ordre.* — Plein midi. — Vue splendide. — Grand jardin. — Hydrothérapie complète. — Calorifère. — Garage pour autos. — *Cuisine française très soignée.* — Déjeuner, 4 fr.: dîner, 5 fr.; vin non compris: petit déjeuner, 1 fr. 50. — Pension depuis 8 francs. — Arrangements pour familles. — **Téléphone.** — *Omnibus à tous les trains.* — **MARENCO-SICARD,** Propriétaire.

Grenoble

HOTEL MODERNE

INAUGURATION ÉTÉ 1902. — *Place Grenette — Place Victor-Hugo.*
Établissement de 1er ordre répondant à toutes les exigences du grand confort moderne. — 200 *chambres et salons.* — Appartements indépendants pour familles. — Chambres Touring-Club. — Ascenseurs. — *Lumière électrique.* — Chauffage dans toutes les chambres. — Bains et douches. — **Table d'hôte.** — *Restaurant de 1er ordre.* — *Prix modérés.* — Téléphone dans toutes les chambres. **Th. EBRAY,** Directeur.

Guéthary

HOTEL DE LA PLAGE

Le seul sur la mer. — Panorama admirable et unique de la côte basque française et espagnole. — Jardin. — Chauffage central. — Salle de bains. — Electricité. — **Téléphone n° 5.** — Cuisine très recommandée. — Pension l'été, depuis 8 fr. L'hiver depuis 7 fr. — **LAFFITTE, Propriétaire**

Guéthary

HOTEL JUZAN

Superbe vue de mer et des montagnes. — Excellente maison. — *Eau de source.* — Cuisine de famille. — Appartements confortables sur la mer et au midi. — L'été, pension depuis 8 fr.; l'hiver, depuis 7 fr., tout compris même le petit déjeuner. — Electricité. — *Tél. n° 9.* — Auto-Garage. **Vve DUHON,** Propriétaire.

Guéthary

AGENCE DU CAFÉ DE MADRID

Location de villas et appartements meublés. — Grand choix, à des prix modérés. — Vente de terrains et d'immeubles. — Renseignements gratuits. **LAVIELLE, Directeur**

Le Havre

HOTEL DE NORMANDIE

Rue de Paris, 106 et 108, et rue Bazan, 71. — 1er ordre. — Complètement modernisé. — 100 chambres de 8 à 15 fr. chauffées à la vapeur. — Electricité. — **Ascenseurs.** — Chambre avec salle de bains privée. — Table d'hôte : déjeuner, 3 fr. ; dîner, 3 fr. 50. — Restaurant et cave renommée. — Omnibus à tous les trains. — Interprète. — Tél. 961. — Recommandé par *A. C. F. T. C. F. A. G. F.*

Le Havre

HOTEL CONTINENTAL

De premier ordre. — **Situation splendide sur les jetées et la mer.** — Restaurant à la carte et à prix fixe. — Cuisine et cave renommées. — Chauffage central. — Salle de bains. — **Garage gratuit pour autos.** *Téléphone* 2.26. — *Omnibus à tous les trains.* — Prix modérés. — Ascenseur.
J. GIOAN, Propriétaire, ex-directeur du restaurant Frascati.

Le Havre

GRAND HOTEL D'ANGLETERRE

Rue de Paris, 124 et 126 — **De premier ordre.** — Le plus près de l'Hôtel de Ville et de la poste. — Chauffage central. — Bains. — Electricité. — Garage pour autos. — *Téléphone* 9.95. — *Pension depuis 9 fr., vin compris, arrangements pour familles.* **Entièrement remis à neuf.** — *English spoken.* — Omnibus à tous les trains. — **A. LEFEBVRE, Propr.**

Le Havre

GRAND HOTEL TERMINUS

Cours de la République, 23 (*En face la Gare-Départ*). — Entièrement neuf. — Premier ordre. — Téléphone 275. — Cuisine et cave recommandées. — Restaurant à la carte et à prix fixe. — Salle de bains. — Chauffage central. — Electricité. — Déjeuner, 2 fr. 50 ; Dîner, 3 fr., vin compris. — *Recommandé du T. C. F.* — **Garage pour autos.**
Pierre ASCHBACHER, Propriétaire

HENDAYE-PLAGE

BUT D'EXCURSION — CENTRE D'EXCURSIONS

ÉTÉ. — Magnifique Plage exposée au Nord — Mer et Montagne — Grande Digue Promenade — Cité-Jardin.
HIVER. — Conche exposée au Midi, abritée des vents d'Ouest Eau de Source, Egouts, Eclairage électrique

Terrains à vendre avec vue splendide

Grandes facilités de paiement

Construction rapide et économique de Villas. Payables par annuités. — S'adresser à M. H. MARTINET, propriétaire du domaine de Hendaye-Plage, 129, rue du Faubourg-St-Honoré, Paris.
A M. DANTIN, agent général à Hendaye.

(*Voir page de garde à la fin du volume.*)

Hendaye

GRAND HOTEL DE LA PLAGE ET CONTINENTAL

De premier ordre. — Sur la plage. — Magnifique vue sur le cap Figuié, Fontarabie et les Pyrénées espagnoles. — Electricité. — Bains. — *Téléphone.* — Garage et fosse gratuits.
Clément BERDOU, Propriétaire

Hyères-les-Palmiers

HOTEL BEAU-SÉJOUR

Dans un joli parc en plein midi. — Remis à neuf. — Confort moderne. — Installation sanitaire perfectionnée. — Cuisine très soignée. — Pension depuis 7 francs. — **Mrs DRAPPIER is English.**

DRAPPIER, Propriétaire

Hyères

GRAND HOTEL BEAU SITE

Ouvert toute l'année.

Restaurant au Petit Vatel, *genre Duval*, avenue Gambetta, 20. — Situation centrale. — Entièrement neuf. — Chambres genre Touring-Club. — Déjeuner, 2 fr. 25. Dîner, 2 fr. 50 vin compris. — Pension depuis 7 fr., petit déjeuner du matin, tout compris. — Arrangements pour familles. — Téléph. 0.52. — Omnibus gare. — **GIRARDOT, Propr.**

Hyères

AGENCE ASTIER (Fondée en 1892)

Boulevard Gambetta, 16 et 18. — Location de villas et d'appartements de choix, meublés ou non. — Vente et achat d'immeubles. — Renseignements gratuits et exacts. — Téléphone : 75. — *Adresse télégraphique* : **Agence ASTIER.**

Maison de 1er ordre — **Hyères** — **Téléphone 76**

AGENCE DE LOCATION

AGENCE PONS

La plus importante de la région et du littoral, pour villas et appartements meublés ou non. — **Télégrammes et Correspondance : PONS, boulev. des Palmiers**

Juan-les-Pins (Alpes-Maritimes)

ENTRE CANNES ET NICE

La plus jolie station *hivernale* et *balnéaire* de la Côte d'Azur.

LE GRAND HOTEL

Ouvert toute l'année. — Situation exceptionnelle. — Panorama unique. — Forêt de pins. — Plage de sable. — Bains de mer pendant l'été. — *Omnibus de l'hôtel à la gare d'Antibes*. — **LUBCKÉ, Propriétaire**

Juan-les-Pins

GRAZIELLA HOTEL

Ouvert toute l'année

Entre la gare et la mer, avenue de la Gare. — Confort moderne. — Chauffage central. — Garage. — Electricité. — Jardin. — *Restaurant recommandé*. — Déjeuner 3 fr. 50. Dîners 4 fr. vin compris. — L'été : Pension depuis 7 fr. — L'hiver depuis 9 fr. et arrangements pour familles. — Téléphone 0.69. — **TORRELLI, Propriétaire**

Lamalou-les-Bains (Hérault) Lamalou-le-Bas

GRAND HOTEL

MAS Frères, Propr. — Etablissement de 1er ordre. — *Ouvert toute l'année.* — Grand confortable. — Prix mod. — 150 ch., salons et fumoirs. — 80 ch. laquées. — Appartements avec salle de bains complète, eau chaude et eau froide. — Terrasses et jardins entourant l'hôtel situé en face du Casino et à 50 m. de l'Etablissement thermal. — Garage et fosse pour automobiles gratuits). — Electricité dans toutes les chambres. — Téléphone. — Ascenseur.

Limoges

CENTRAL HOTEL

CARREFOUR TOURNY

Prix modérés. — Hôtel entièrement neuf, installé avec tout le confort moderne. — Ascenseur. — Electricité dans toutes les chambres. — Arrangements pour séjour.

Luz-Saint-Sauveur

HOTEL DE LONDRES

Le plus près de la gare et du bureau des voitures de correspondance pour Gavarnie. — Téléphone nº 9. — Pension depuis 8 fr. — Garage pour autos. — *Succursale à Gavarnie : Hôtel du Point-de-Vue-du-Marboré*

Dominique POUEY, Propriétaire.

Luz-Saint-Sauveur (les Bains)

GRAND HOTEL DE FRANCE

Maison de famille de premier ordre. — Vue splendide. — Restaurant. — Auto-garage avec fosse. — *English spoken.* — *Man spricht deutsch. Si parla italiano.* — Pension depuis 8 fr. — Chambres depuis 2 fr. 50. — Départ des voitures pour Gavarnie.

W. KUSS, Propriétaire

Luz-Saint-Sauveur (HAUTES-PYRÉNÉES)

HOTEL PINTAT

DES BAINS ET DES PRINCES REUNIS

« Partir est un destin funeste,
Si j'étais chef d'un grand Etat
J'aurais pour cuisinier **PINTAT**
Et je me ficherais du reste. »

ARMAND SILVESTRE.

Premier ordre. — Ouvert toute l'année. — Près les Thermes. — Ch. Touring-Club. — Nouvelle installation d'un magnique restaurant avec terrasse dominant la vallée à 60 m. au-dessus du Gave. Point de vue unique. Pension de 8 à 15 fr. — **PINTAT, Propriétaire**

Lyon

LE GRAND HOTEL

16, rue de la République.

Entièrement moderne. — Le restaurant du Grand-Hôtel est le rendez-vous de la meilleure société. — **J. DUFOUR, directeur.**

Précédemment : Aix-les-Bains. Hôtel Régina-Bernascon

Lyon

GRAND NOUVEL HOTEL

Maison de premier ordre, entièrement moderne. — Garage pour autos dans l'hotel. — **J. DUCHER.**

Lyon

HOTEL D'ANGLETERRE

Place Carnot, 21 et 22. *De premier ordre.* — Entièrement remis à neuf. — Chauffage central. — Electricité. — Arrangements sanitaires. — Ascenseur. — Grand garage avec fossé et atelier de réparations. — Pension depuis 9 fr. — Arrangements pour familles. — Recommandé par le T. C. F. — English spoken. — Man spricht deutsch. — Si parla italiano. — **E. VRAY, Propriétaire**

Macon

TERMINUS HOTEL

Hôtel de premier ordre. — Le plus fréquenté par les familles et les touristes. — Garçon de l'hôtel à tous les trains pour les bagages. — Salon de lecture. — Café. — Excellente cuisine. — Garage moderne et essence pour automobiles. — Correspondant de l'A. C. F. — **G. DUPANLOUP, Propriétaire.**

Marseille

GRAND HOTEL BEAUVAU

Rue Beauvau, rue Cannebière, quai de la Fraternité

Seul hôtel de premier ordre, **ayant façade sur la mer**, au centre de la ville et au midi. — Entièrement remis à neuf. — **Ascenseur.** — *Bains.* — *Téléphone* **849.** — Chambre noire. — Pension depuis 8 fr. 50 par jour. — Arrangements pour familles. — *Omnibus à tous les trains.* — **H. TEISSIER, Propriétaire.**

Marseille

HOTEL DU PETIT LOUVRE

Le seul et unique Restaurant en plein midi sur la Cannebière. — Chambres depuis 2 fr. 50 et arrangements pour familles. — **Ascenseur.** — Omnibus. — Interprète. — *Téléphone.* — **Veuve GARRONE, Propriétaire.**

Marseille

RÉGINA HOTEL

Tout premier ordre, avec prix modérés. — Nouvellement construit en plein centre avec tous les derniers perfectionnements. — 250 chambres avec 100 salles de bains, W.-C. ; depuis 4 fr.

RESTAURANT. 1er ordre. — Prix fixe. Carte.

C. CAVASSE, Propriétaire

Marseille

HOTEL DE PROVENCE

Cours Belsunce, 12. — Le plus central, le mieux situé.

Restaurant de premier ordre. — Déjeuner 2 fr. 50, dîner, 3 fr., service à la carte. — Spécialités : *Bouillabaisse, Langouste américaine.* — Chambres depuis 3 fr. — Lumière électrique. — Téléphone 12-99. — Omnibus. — **P. GARDANNE, Propriétaire.**

Marseille

HOTEL DU XXe SIÈCLE

DERNIER CONFORT

Au-dessus du **CAFÉ RICHE,** *Rue Cannebière*

Chambres de 4 à 12 francs

Marseille

GRAND NOUVEL HOTEL MEUBLÉ

Boulevard du Musée, 10, près la rue Noailles (Cannebière). — Electricité et chauffage central. — Ascenseur. — Interprètes. — Bains. — Grand hall. — Jardin. — Chambres, 3, 4, 5 fr. et au-dessus. — Grand confort. — Garçons de courses. — Renseignements. — Correspondant du *Touring-Club de France.* — Chambre noire.

Télégrammes : **Noutel-Marseille.** — **CHEVRET, Propriétaire.**

Marseille

GRAND HOTEL DES COLONIES

Rue Vacon, 15 et 17, *près la Cannebière.* — La situation la plus centrale. — Entièrement remis à neuf. — Electricité. — Téléphone 7.93. — Etablissement hydrothérapique complet attenant et appartenant à l'hôtel. — Chambres confortables depuis 2 fr. 50. — Omnibus aux trains et aux paquebots.

GARNAUD, Propriétaire

MARSEILLE. — Notre-Dame-de-la-Garde.

Type B—4*

Montpellier
HOTEL DE LA MÉTROPOLE

Près de la gare. — De tout premier ordre. — Merveilleusement installé. — Très recommandé aux familles. — Appartements au midi. — Restaurant. — Grand hall. — Jardin. — Salles de bains. — Chauffage central. — English spoken. — Man spritch deutsch. — Lumière électrique. — Ascenseur. — Téléphone. — **Prix modérés.**

Montpellier
GRAND HOTEL

Rue Maguelonne, 8

Premier ordre. — Électricité partout. — Salles de bains. — Chauffage par radiateurs à eau chaude. — Téléphone 1.56. — Ascenseur. — *Cuisine très recommandée.* — *Pension depuis 8 fr. par jour et arrangements pour familles.* — Appartements exposés au midi. — Omnibus à tous les trains.

Albin CONGRAS, Propriétaire

Montpellier
GRAND HOTEL DU MIDI

Nouvellement construit. — 1er ordre. — Eau chaude et froide dans toutes les chambres. — *Escalier en cas d'incendie.* — Chauffage central. — Électricité. — Salles de bains. — Salles d'exposition. — Jardin d'été et d'hiver. — Téléphone. — Ascenseur. — Pension depuis 9 fr. et arrangements pour familles.

Paul HENRY, Propriétaire

Morgat
GRAND HOTEL DE LA PLAGE

Le mieux situé. — 80 chambres très confortables. — Salles de bains hygiéniques. — W.-C. à chaque étage. — 3 salles à manger. — Service par petites tables. — Recommandé T.C.F., A.G.A., A.C.F.. — Garage gratuit. — Téléphone n° 1. — **Autobus au débarcadère au Fret, desservi par l'Hôtel.** — Bateaux et voitures pour excursions. — Tennis. — Parc. — Arrangements pour séjour.

Adresse télégraphique : TÉRÉNÉ-CROZON. **TÉRÉNÉ, Propriétaire**

Nantes
GRAND HOTEL DE FRANCE

PLACE DU THÉATRE-GRASLIN

Le plus central — Complètement remis à neuf
Électricité — Bains — **Téléphone 635** — Confort moderne
Garage pour autos dans l'hôtel — A. C. F., A. C. A.

Nantes
GRAND HOTEL ET DES VOYAGEURS

Rue Crébillon, 24, et place du Théâtre-Graslin. — Confort moderne. — Electricité. — *Chauffage central hygiénique à eau chaude.* — Salle de bains à tous les étages. — Jardin d'hiver. — *Table renommée.* — Service par petites tables. — *Maison de premier ordre,* recommandée par sa bonne tenue et ses prix modérés. — Garage. — English spoken. — Téléphone 4.08.

Nantes
HOTEL DE BRETAGNE

Dans le plus beau quartier

Complètement remis à neuf — Le plus grand, le plus beau,
Tout le confort moderne. — Cuisine excellente.

Nice

HOTEL GALLIA

RUE DE LA PAIX

OUVERTURE NOVEMBRE 1900

Pension complète avec chambre, depuis 8 fr. par jour

1er ORDRE — **ASCENSEUR**

PLEIN MIDI — JARDIN

140 chambres et salons avec tout le confort moderne et entièrement éclairés à la lumière électrique. — **Chauffage central dans les chambres. — Arrangements sanitaires parfaits. — Salles de bains à chaque étage.** — Billards. — Fumoir. — Magnifiques salons. —*Table d'hôte par petites tables et restaurant à la carte.* — Garage pour automobiles et bicyclettes. — **G. FORTEPAULE**, Propriétaire.

L'ÉTÉ : GRAND HÔTEL DE LA TERRASSE, A TROUVILLE-DEAUVILLE

Nice

TERMINUS HOTEL

Maison de premier ordre située en face de la gare

Ouverte toute l'année. — Confort moderne

HENRI MORLOCK, nouveau Propriétaire

Nice

HOTEL DE SUÈDE EX-ROUBION

36, AVENUE DE BEAULIEU, 36

Premier ordre. — Jardin — Plein midi. — *Ascenseur et lumière électriques.* — Chauffage central dans chaque chambre.

HENRI MORLOCK, Propriétaire

Nice

HOTEL DE BERNE

EN FACE DE LA GARE

Ouvert toute l'année. — **Prix modérés**

N. B. — Le transport des bagages est gratuit.

HENRI MORLOCK, Propriétaire

Nice

HOTEL-PENSION SUISSE

Maison suisse renommée. — **Premier ordre.** — Situation magnifique sur le bord de la mer. — Vue splendide. — Jardin. — Bains. — Calorifère. — Téléphone. — *Lumière électrique.* — Ascenseur. — Arrangements pour familles, depuis 9 fr. — Chauffage central à eau chaude partout. — **J.-P. HUG, Propriétaire.**

Nice

HOTEL NATIONAL

Avenue de la Gare, près la gare. — Dernier confort. — Chauffage central. — Ascenseur. — Electricité. — **Pension depuis 10 fr.** — Hôtel ouvert toute l'année. — **E. BESSNER, nouveau propriétaire.**

Nice

GRANDE PENSION DE FRANCE

Rue de France, 33, près de la promenade des Anglais.
Premier ordre. — Plein midi. — Grand jardin. — Bains. — Lumière électrique. — Chauffage central. — Cuisine très soignée. — Pension de 8 à 12 fr. — *English spoken. Man spricht deutsch.* — Auto-garage gratuit. — Ascenseur. — *L'été à Etretat* : **Hôtel Hauville**

Nice

Hôtel du Tzaréwitch

Boulevard du Tzaréwitch

Chauffage central dans toutes les chambres

Vue sur la mer
Prix très modérés

A cinq minutes du centre, par le tramway.

Entièrement meublé à neuf. — Situation hygiénique parfaite.
Parc privé de 22 000 mètres. — Eau de source sur la Propriété.
Garage pour autos. — Panorama idéal.

S. LE BROCQ, Propriétaire

Nice

AGENCE CORRAS-JOUGLA

Renseignements gratuits. — Location de villas et appartements. — Vente et achat d'immeubles — Fonds de commerce. — Mobiliers. — *Formalités de douane, de régie et d'octroi.* — Service de bagages. — Commission. — Consignation. — 16, rue Cotta. — *Téléphone* 14-32.

Nice

AGENCES COSMOPOLITE ET MÉDITERRANÉE

Rue de l'Hôtel-des-Postes, 17

Location de villas et appartements. — Gérance et vente d'immeubles, hôtels et fonds de commerce.

MATHIEU, Docteur en droit

Nîmes

Grand Hôtel du Midi et de la Poste

1er ordre. — Le plus confortable de la région, remis à neuf. — *Chauffage central.* — Recommandé aux familles, à MM. les touristes et à MM. les voyageurs. — Appartements, belles chambres et salons, Chambre noire photo. — **Electricité.** — W.-C. à chasse. — Téléphone. — Table d'hôte et restaurant. — Cuisine et cave renommées. — Correspondant du Touring-Club Français et Automobile-Club. — Omnibus gare. — Prix modérés.

A. HUC, propriétaire

Nîmes

Grand Hôtel du Luxembourg

CHANGEMENT DE PROPRIÉTAIRE

De premier ordre. — La plus belle situation sur l'Esplanade, près des Arènes. — Confortable moderne. — Vaste hall. — Arrangements sanitaires. — Bains. — Electricité. — Garage. — Tickets office. — Cuisine très recommandée. — *English spoken.* — *Man spricht deutsch.*

AURIC, Propriétaire

Nîmes

MODERN HOTEL

Avenue Feuchères, 11

En face de la Préfecture. — A 100 mètres à droite de la gare. — Entièrement neuf et moderne. — Chambres au ripolin Touring-Club, avec eau dans les lavabos. — Chauffage par radiateur partout. — Bains. — Electricité. — Sanitary arrangement. — Téléphone 3.38. — Garage. — Transport des bagages gratuit à l'arrivée et au départ. — Prix : 7 fr. par jour **R. CHARRE**, Propriétaire

Nîmes

Grand Hôtel de l'Europe et de Provence

Attenant au Bureau central des Postes

Square de la Couronne

Grand confort. — Lumière électrique. — Très bonne cuisine recommandée. — Cave renommée et primée. — *Omnibus à tous les trains.*

GAY, ex-chef de cuisine du *Royal-Hôtel*, à Paris.

Orléans

GRAND HOTEL SAINT-AIGNAN

Square Gambetta, Orléans. — **De tout premier ordre.** — Appartements avec salon particulier et bain-toilette. — Chauffage à vapeur. — Auto-garage. — English spoken. — Man spricht deutsch. — Lift. — *Téléphone* 0.13.

Dr DESCHAMPS-LEMAIRE, Directeur-Propriétaire

Orléans

HOTEL MODERNE

Rue de la République, 37

Ouvert en 1903. — **De tout premier ordre.** — *Restaurant.* — Situation centrale en face de la gare. — Installation moderne. — Médaille d'argent du T. C. F. pour ses chambres hygiéniques. — Hydrothérapie. — *Calorifère.* — Arrangements sanitaires. — Electricité partout. — *Téléphone.* — Ascenseur. — Auto-garage. — *English spoken.* — **Ch. BRAVLET, Propriétaire.**

Orléans

TERMINUS HOTEL

Annexe de l'Hôtel moderne. — Rue de la République, 40, en face de la gare. — De tout premier ordre avec tout le confort moderne. — Moitié de l'hôtel en Touring-Club. — Electricité. — Chauffage central. — Hydrothérapie. — Téléphone 464. — Garage et fosse. — Ascenseur. — Prix modérés. — **BRAVLET**, propriétaire.

Orléans

HOTEL DE LA BOULE D'OR

Au centre de la ville. — Entièrement remis à neuf, avec tout le confort moderne. — Electricité. — Téléphone. — Hydrothérapie. — Chauffage central. — Appartements et salons pour famille. — Service à la carte et table d'hôte. — Omnibus. — Auto-garage avec fosse, 30 voitures. — English spoken. — Man spricht deutsch.

E. AUDEBERT. Propriétaire.

Paramé

BRISTOL PALACE HOTEL

Créé en 1900. — De tout premier ordre. — *Sur la plage, accès direct.* — Grand confort. — Pension depuis 10 fr. par jour.

HOTEL DE LA PLAGE (annexe du **Bristol**). — *Même situation.* — Pension depuis 8 fr. par jour — **J.-C. GALLET**, Propriétaire.

Paramé

Hôtel de France et Villa Colbert

Tout près de la plage. — 80 chambres très bien meublées, plusieurs avec vue de mer, à proximité de la station des tramways Saint-Malo, Rothéneuf et Cancale. — Hôtel et pension de famille renommés par leur bonne tenue, table et confort, garage pour bicyclettes et autos. — Prix très modérés : 6 à 8 fr. avril, mai, juin et septembre. 8 à 12 fr. juillet et août. Grands arrangements pour longs séjours et familles nombreuses.

Paramé

AGENCE GÉNÉRALE

Carrefour de Rochebonne. — **G. BAZANTAY**, successeur de MM. **Hollain** et **Esnault**. — Location de villas et appartements à Paramé, Rothéneuf, Saint-Malo, Saint-Servan, Dinard et la région. — Vente et achat de propriétés, villas, terrains, fonds de commerce. — Bureau ouvert toute l'année. — Renseignements gratuits.

G. BAZANTAY et BROUARD, directeurs. — *Téléphone* 0.07

Pau

GRAND HOTEL GASSION

OUVERT TOUTE L'ANNÉE

Entièrement remis à neuf. — Situation unique au midi sur le Boulevard des Pyrénées. — Appartements avec bains. — Luxe, confort, hygiène moderne. — Ascenseur, Téléphone, garage, jardin d'hiver. — Arrangements, pension pour séjour. **A. MEILLON**, Propriétaire de l'*Hôtel d'Angleterre, à Cauterets.*

Pau

HOTEL DE FRANCE

Place Royale et Boulevard des Pyrénées

Entièrement reconstruit. — Clientèle de grandes familles

Remeublé par la Maison Maple et Co. — Magnifiques hall et salons. — Appartements et chambres avec salle de bains. — Vue incomparable sur les Pyrénées. — Ascenseurs électriques. — Garage moderne et gratuit. — Le Grand restaurant, à l'instar des meilleurs de Paris, est ouvert toute l'année. — Chauffage à vapeur dans toutes les chambres.

F. CAMPAGNE, nouveau Propriétaire

Pau

GRAND HOTEL DE LA PAIX

Place Royale. — La plus belle situation. — Entièrement remis à neuf. — Grand confortable. — Eclairage électrique. — Bains. — *Chauffage central dans* **toutes** *les chambres.* — *Téléphone.* — *Ascenseur.* — *Restaurant.* — Pension depuis 9 fr. et arrangements pour familles. — Correspondant du T. C. F. — *Omnibus à tous les trains.* — **BERNIS**, Propriétaire.

Pau

GRAND HOTEL DE LA POSTE

Place Grammont. — Situation près le château et les promenades. — Grand confortable. — Electricité. — Téléphone. — Bains. — Ascenseur. — *Auto-garage.* — Cuisine et cave recommandées. — Pension depuis 9 fr. par jour. — **Arrangements pour familles.** — *English spoken.* — *Se habla espanol.* — Corresp. du T.C.F. — Omnibus gare. — **DABBADIE, propriétaire.**

Perpignan

GRAND HOTEL

Quai Sadi-Carnot, près de la Préfecture et de la Poste. **De tout premier ordre.** — Hall superbe. — Ascenseur. — Bains. — Téléphone. — Electricité partout. — Arrangements sanitaires parfaits.
Cuisine et cave spécialement recommandées. — **Prix modérés.**
Eugène CASTEL, Propriétaire

Plombières-les-Bains

HOTEL METROPOLE

Téléphone 18.— Premier ordre, entre le Parc et les Thermes.— Salles de bains à tous les étages, eau chaude et froide.— Lumière électrique. — Ascenseur. — Auto-garage. — Tables de régime. — Vastes jardins. — *Les Villas du Parc* (Annexes). — **BAUDOT**, Propriétaire.

Poitiers

GRAND HOTEL DE FRANCE

Le plus central et particulièrement recommandé.— Confort moderne. — Cuisine et cave réputées. — Electricité. — Téléphone. — Garage fermé, avec fosses, pour autos. — Chauffage central. — **Prix modérés.**— *English spoken.*— *Man spricht deutsch.* — A. C. F., T. C. F. — **Omnibus de la ville.** — Spécialité de volailles et de pâtés truffés.— **ROBLIN-BOUCHARDEAU**, Propriétaire.

PRÉCHACQ-LES-BAINS

(Landes)

ÉTABLISSEMENT OUVERT

Du 1er mai au 20 octobre, desservi par la gare de Laluque

Eaux et Boues végéto-minérales similaires à celles de Dax.

Rhumatismes, arthrites, névralgies, névroses, affections utérines, anémie.

Eaux sulfureuses.—Maladies des voies respiratoires, de la peau, du tube digestif.

Prix de la pension : 1re classe, 8 fr. ; 2e classe, 5 fr. 50 par jour et par personne, tout compris : logement, linge, nourriture, traitement balnéaire, service, éclairage.

Pour renseignements, s'adresser au Directeur

Rennes

HOTEL CONTINENTAL

Quai Lamartine et rue d'Orléans

De premier ordre. — Central, et dans le plus beau quartier.— Garage pour autos. — Chambre noire. — Grand confortable. — Grand estaminet. — *Omnibus à la gare.* — **Pierre DIOTEL**, Propriétaire

Saint-Malo

Grand Hôtel de France et de Chateaubriand

Place Chateaubriand, à l'entrée de la plage.

Ouvert du 1er avril à fin octobre. — Vue sur la mer. — De tout premier ordre. — Exclusivement fréquenté par les familles soucieuses du bien-être et de la bonne tenue. — 135 chambres. — Salles de bains. — Eclairage électrique. — Installation sanitaire. — **Bains.** — Chambre noire. — Interprète. — Auto-garage A. C. F., C. T. C. — **Prix de pension : 10 à 15 fr.** — Même direction : **Restaurant Continental**, ouvert seulement en juillet, août et septembre. — En face l'entrée de la plage. — Service à la carte de 1er ordre.

Saint-Malo

GRAND HOTEL FRANKLIN

LE SEUL FACE A LA MER

Grand confort moderne. — *Téléphone 1-12.* — Salles de bains. — Électricité. — Auto-garage, fosses, outillage complet. — *Prix très modérés* avant et après saison. — Ouvert du 1er avril au 30 septembre.

Saint-Malo

Grand Hôtel du Centre et de la Paix

Rue Saint-Thomas, 6 (près la plage). — Ouvert toute l'année. — Très confortable comme chambres et appartements. — **Spécialement recommandé pour sa fine cuisine.** — Prix, depuis 8 fr. 50, et arrangements pour familles et pour séjour. — Correspondant du T.C.F. — *Omnibus à la gare.* — **PORTIER, Propriétaire.**

Saint-Raphaël

HOTEL BEAU-RIVAGE

PREMIER ORDRE

Magnifiquement situé plein midi avec grand jardin terrasse sur la mer. — Chauffage central dans toutes les chambres. — *Lumière électrique.*

Grand confort

ASCENSEUR — GARAGE

BRUNET, propriétaire

Tamaris-sur-Mer

GRAND HOTEL DES TAMARIS

Ouvert toute l'année. — **Premier ordre.** — Au bord de la mer et au milieu d'un magnifique parc. — Bains chauds, froids, d'eau douce et de mer. — Electricité. — Téléphone 10. — Service par petites tables. — Voitures d'excursions et bateaux de plaisance. — Garage avec fosse. — Omnibus et voitures sur commande aux trains des gares de la Seyne et de Toulon. — **F. JUST, Propriétaire.**

Tarbes

GRAND HOTEL MODERNE

Place Maubourguet. — Ascenseur. — Chauffage central. — Bains. — Electricité. — *Eau chaude et eau froide.*

Grand garage — Prix modérés. — NOGUÈS, Directeur

Tarbes

TERMINUS HOTEL LOUSTAU

En face la gare. — *Entièrement neuf.* — Chambres. — Touring-Club. — Confort moderne. — Electricité. — Téléphone 0.33. — Garage. — Déjeuner 2 fr. 50 ; Dîner 3 francs. — Cuisine très soignée. — Correspondant du T.C.F. — *Transport de bagages gratuit.*

LOUSTAU, Propriétaire.

Toulon

GRAND HOTEL

Premier ordre. — Electricité. — Plein midi. — Vue sur la mer. — Vaste salle de fêtes. — Ascenseur. — Pension. — Chauffage central. — Bains privés avec W.-C. — Appartements laqués. — Chambres depuis 4 fr. par personne. — Garage et fosse pour autos. — A. T. C. et T. C. F. — **J. BOUILLOT, successeur de L. Fille.**

Toulouse

Grand Hôtel de l'Europe et du Midi

Square Lafayette. — De premier ordre avec tout le confort moderne. — Situé au centre des promenades et dans le plus beau quartier de la ville. — **Splendides salles de fêtes.** — Salon de lecture. — Chauffage central. — Salles de bains — Restaurant. — Interprètes. — Auto-garage avec fosse. — **Spécialité de foie de canard aux truffes du Périgord.** — EXPORTATION — **P. DENJEAN,** Propriétaire.

Toulouse

GRAND HOTEL et HOTEL TIVOLLIER

(*RÉUNIS*)

Rue de Metz, rue Boulbonne et rue d'Astorg. — Installation unique dans le Midi, avec tout le luxe et le confortable des grands hôtels d'Europe et d'Amérique. — **200 chambres et salons.** — Appartements de luxe. — Salles de bains à tous les étages et dans les principaux appartements. — **3 ascenseurs.** — **Chauffage central.** — **Eclairage électrique.** — **Téléphone.** Hôtel diplômé par le Touring-Club de France. — Dans l'hôtel postes et télégraphe. — *Garage pour automobiles, avec fosse de réparation.* — **RESTAURANT TIVOLLIER ET GRAND-HOTEL.** — TOUT PREMIER ORDRE. — **Service à la carte et à prix fixe.** — **Cuisine et cave renommées.**

Vente exclusive des pâtés " TIVOLLIER ".

Toulouse

GRAND HOTEL DE PARIS

RUE GAMBETTA, 66 (CAPITOLE). — Complètement restauré avec tout le confort moderne. — Electricité. — Chauffage à la vapeur. — Salon de lecture. — Grand hall. — Cuisine soignée. — Très belles chambres. — Depuis 8 fr. 50 par jour. — **G. LECOMTE, Propriétaire**

(Voir page de garde à la fin du volume.)

ESPAGNE

Barcelone

GRAND HOTEL FALCON

Sur la Rembla et la place del Téatro. — Belle situation. — Maison de 1er ordre bâtie expressément pour hôtel. — Nouvelle salle à manger ayant vue sur la Rembla. — Ascenseur. — Eclairage électrique. — Salle de bains à tous les étages. — Ameublement entièrement remis à neuf. — Prix modérés. — Interprètes et omnibus de l'hôtel à tous les trains et bateaux courriers.

Bilbao

BODEGAS (CAVES) BILBAÏNAS

Société anonyme au capital de 6.000.000 *de pesetas.* — Siège social: Bilbao. — Maisons à Madrid, Séville et Gijon. — La plus importante d'Espagne pour le commerce des vins. — Caves particulières dans toutes les régions productrices. — La plus grande installation à Haro (Rioja). — Demander le "Rioja Claret", une des marques de la maison, dans tous les hôtels et restaurants.

Cordoue

HOTEL D'ORIENT

Paseo del gran Capitan. — Le plus rapproché de la gare. — Belle situation. — Chambres confortables. — Bains. — Cuisine française très soignée. — Omnibus et interprète de l'hôtel à tous les trains. — Prix modérés. — **Raynaud frères, propriétaires.**

L'Escorial

HOTEL MIRANDA

Premier ordre. — Le plus ancien et le plus recommandé. — Tout près du monastère. — Salle de bains. — Salons pour five o'clock. — *Service à la carte très économique.* — Pension depuis 8 francs par jour. — Déjeuner, 3 fr. 50; dîner, 4 fr. 50. — Cuisine excellente. — Omnibus et interprète à tous les trains. — Garage gratuit. — Les coupons Cook sont acceptés. — **Ernest VEUTHEY**, Propriétaire.

Grenade

HOTEL CASINO ALHAMBRA-PALACE

Situation splendide. — Grand confortable. — Chauffage central. — Ventilation. — Ascenseur. — 90 chambres avec cabinet de toilette et salle de bains. — Cuisine française. — Casino. — Théâtre. — Danses du pays. — Chambres de 6 à 12 pesetas 50. — Pension depuis 16 pesetas 50 (vin non compris). — *Eau potable recommandée, conduite spécialement de la Sierra Nevada sans traverser un seul point habité.* — Commodité pour se rendre à la gare par un tramway à crémaillère communiquant aux tramways de la ville.

Irun

PALACE-HOTEL

Paseo de Colon, 8 et 10

Très belle vue sur la mer. — Installation et confort moderne. — Eclairage électrique. — Bonne cuisine. — Prix (tout compris) 8 à 14 pesetas par jour. — Petit déjeuner, 0 pes. 75; déjeuner, 3 pes. 50; dîner, 4 pes. — Bains. — Garage. — Tram à la porte de l'hôtel. — **Castor Tellechea**, Propriétaire.

Madrid

GRAND HOTEL DE LA PAIX

PUERTA DEL SOL, 11, 12

Hôtel français. — Courriers. — Voitures. — Bains à l'Hôtel

Eclairage et Ascenseur électriques

J. CAPDEVIELLE, Propriétaire

Madrid

GRAND HOTEL DE L'ORIENT

Puerta del Sol y Calle Arenal. — Ce magnifique établissement, situé au centre de la ville, est, comme installation, à la hauteur des meilleurs hôtels. — Magnifiques appartements et chambres luxueuses pour familles. — Salon de lecture. — Billard. — *Bains.* — Ascenseurs. — Voitures aux gares. — *Prix très modérés,* depuis 7 fr. 50 par jour. —

Madrid

GRAND HOTEL MÉTROPOLE

(Ancien Grand Hôtel des Ambassadeurs)

4, Carrera de San Jeronimo et Victoria, 1. — Près la Puerta del Sol. — **Attilio STERNA**, Propriétaire. — Recommandé pour son confort et son bon service. — Appartements pour familles. — Chambres sans pension. — Cuisine française très particulièrement soignée. — On sert par petites tables. — Bains. — Chauffage central. — Ascenseur. — Téléphone 1075. — Adresse « Métropol ». — Prix modérés. — Interprètes et omnibus à toutes les gares.

Madrid

GRAND HOTEL INGLÈS

8 *et* 10, *rue Etchegaray, et rue Principe,* 11. — Hôtel restaurant de premier ordre. — Considérablement agrandi et complètement transformé. — Magnifiques appartements pour familles. — Salle de restaurant pouvant contenir 500 personnes. — Superbe salon. — Bains à tous les étages. — Téléphone. — Ascenseur. — Chauffage à vapeur. — Lumière électrique. — Chambres depuis 4 pesetas. — Pension depuis 12 pesetas. — Interprètes et omnibus de l'hôtel à l'arrivée des trains. — **Harra y Aguado**, propriétaires.

Madrid

GRAND HOTEL CERVANTÈS

Puerto del Sol, 10, *et rue Preciados,* 2. — Hôtel restaurant de premier ordre avec façade sur 3 rues et en face del ministerio de la Gobernacion. — Chambres indépendantes, mais pouvant à volonté communiquer pour appartements de familles. — Ascenseur. — Salon de lecture. — Bains à tous les etages. — Mobilier et tentures absolument neufs. — Grand confort. — De la salle à manger, vue large sur la Puerta del Sol. — Chauffage central. — Chambres depuis 4 pesetas. — Pension depuis 10 pesetas par jour. — *Interprètes et omnibus de l'hôtel à chaque gare.* — Téléphone. — **V. MARTINEZ**, Propriétaire.

Madrid

GRAND HOTEL IMPÉRIAL

Calle de la Montera. 22. — Bonne situation. — Chauffage central dans toutes les chambres. — Salon de lecture. — Salle de bains à chaque étage. — Lumière électrique. — Téléphone 1939. — Pension complète depuis 9 pesetas par personne.

Peydebasque et Arenillas, propriétaires.

Madrid

HOTEL DE LONDRES

Rue Galdo, 2, façade rue Preciados et rue Carmen

Vue sur la Puerta del Sol. — Construction spéciale pour hôtel, inauguré en 1907. — Chambres spacieuses et aérées. — Salon de lecture. — Salles de bains. — Lumière électrique. — Ascenseur. — Téléphone. — Cuisine française et espagnole. — Service à prix fixe et à la carte. — Pension depuis 10 pesetas par jour, tout compris. — Interprète et omnibus à tous les trains. — **Emilio ORTEGA**, Propriétaire

Saint-Sébastien

GRAND HOTEL BIARRITZ

Calle Guetaria, 8. — De premier ordre. — Entièrement neuf. — Situation centrale. — Lumière électrique. — Cheminées dans presque toutes les chambres. — Cuisine française et espagnole. — Arrangements pour familles. — *Prix modérés.* — **J. JUANTEGUI, Propr.**

Saint-Sébastien

HOTEL RESTAURANT FRANÇAIS

Rue Larramendi, 6 (angle rue Isabel la Católica, derrière la cathédrale, à 250 mètres de la gare). — Cuisine française. — *Déjeuner et dîner,* 2 pes. 50; 4 plats, pain, vin, desserts. — Arrangements pour familles. — Chambres confortables. — Prix modérés et prix spéciaux pour les enfants. — Pension depuis 8 pesetas par jour. — Personnel français. — *Interprètes à tous les trains.* — **Raoul BARRUL**, Prop.

Santander

Grand Hôtel-Restaurant Labadie

Blanca, 16, et Ribera, 13 — Se recommande par son confort et sa bonne cuisine française. — Service par petites tables. — Cave renommée. — Chambres avec vue sur la mer. — Belle salle de café dans l'hôtel. — *Personnel de la maison à l'arrivée des trains.* — On parle français.

Léandre **LABADIE**, Propriétaire

Saragosse

HOTEL-RESTAURANT CONTINENTAL

52, Coso, 52 (en face Calle de Alfonso). — *Premier ordre.* — Au centre de la ville. — Confort et élégance. — Terrasse. — Jardin. — Bains. — Douches. — Service à la carte. — Pension depuis 8 pesetas. — *Omnibus à tous les trains.* — On parle français. — **Joachin CAVERO.** Prop.

Séville

GRAND HOTEL DE MADRID

Calle Mendez Nunez. — Hôtel de premier ordre situé au centre de la ville. — Splendide patio jardin à ciel ouvert, luxueusement orné de plantes exotiques. — Bassin et jets d'eau. — Rare salle à manger ornée de mosaïques rappelant le palais de l'Alcazar. — Cuisine très soignée. — Lumière électrique. — Téléphone. — Garage. — *Interprète et omnibus à tous les trains.*

Séville

HOTEL D'ANGLETERRE

Plaza de San Fernando

Le plus moderne. — Le plus spacieux. — Le mieux situé de la ville avec 63 balcons sur l'agréable place de San Fernando. — *Cuisine française* renommée. — Pension depuis 12 pesetas 50 par jour.

François CARRÈRE, Propriétaire.

Valladolid

CAFÉ ET HOTEL-RESTAURANT MODERNE

Fournisseur de la maison royale.

PLACE MAYOR. — Premier ordre. — *Très bien situé.* — Pâtisserie. — Chauffage central. — Salles de bains. — Billards. — Cuisine soignée. — Service à la carte et par petites tables. — Garage. — Voitures de l'hôtel à tous les trains. — On parle français. — **SILVESTRE MOTOS, Propr.**

V. SUPPLÉMENT

Spécialités pharmaceutiques
Chocolat Menier

www.ingramcontent.com/pod-product-compliance
Ingram Content Group UK Ltd.
Pitfield, Milton Keynes, MK11 3LW, UK
UKHW022055260726
13993UKWH00001B/131